一本即将改变亿万销售人命运的奇书

相信力

成就销售冠军的16个超级信念

于行·著

中国财富出版社

图书在版编目（CIP）数据

相信力：成就销售冠军的16个超级信念／于行著．—北京：中国财富出版社，2016.1

ISBN 978-7-5047-5811-8

Ⅰ．①相… Ⅱ．①于… Ⅲ．①销售—方法 Ⅳ．①F713.3

中国版本图书馆CIP数据核字（2015）第212721号

策划编辑 宋　宇　　**责任编辑** 王　波　赵笑梅
责任印制 何崇杭　　**责任校对** 饶莉莉　　**责任发行** 敬　东

出版发行 中国财富出版社
社　　址 北京市丰台区南四环西路188号5区20楼　**邮政编码** 100070
电　　话 010-52227568（发行部）　010-52227588转307（总编室）
010-68589540（读者服务部）　010-52227588转305（质检部）
网　　址 http：//www.cfpress.com.cn
经　　销 新华书店
印　　刷 北京京都六环印刷厂
书　　号 ISBN 978-7-5047-5811-8/F·2467
开　　本 710mm×1000mm　1/16　　**版　　次** 2016年1月第1版
印　　张 12　　**印　　次** 2016年1月第1次印刷
字　　数 137千字　　**定　　价** 32.00元

给大脑装最好的软件

记得小时候，家里一贫如洗，穷得叮当响，常常是吃了上顿没有下顿，靠挖野菜、煮粥勉强度日。我上学用的作业本是用上坟用的凹凸不平的黄烧纸裁成的，经常是钢笔尖的“杀手”；每天要走十多里的路去学校，碰上下雨天，头上顶的不是雨伞而是麻袋。

父亲是村里的民办教师，一半身份是农民，要起早贪黑地种地、锄地、拔草、养猪；一半身份是教师，要全心投入地翻书、备课、教书、育人。儿时最难忘的是每月爸爸学校老师打牙祭的日子，父亲会兴冲冲地提着一桶带有些许剩面条的汤回家，这时家里的漏勺派上了用场，我和两个弟弟捞出剩面条狼吞虎咽地吃起来，直到今天，都能回忆起那面条的香味。

村里大部分人家都姓李，在这里繁衍生息几代了，相当地团结。我家姓于，相对李家是少数异姓人，经常被李家欺负，过着大气儿不敢出的日子。记得有一次，父亲和邻居吵了架，老李家几十号人，个个手拿洋叉、二齿子一哄而上，父亲没办法，只能忍气吞声息事宁人，给人道歉说软话了事。

吵架的原因竟然是李姓邻居将篱笆墙夹到我家的院里来，真是无处说理。当时，我和两个弟弟怯怯地跟在大人身后看着发生的一切，原来我在学习上不是很努力，比较贪玩，从那以后，不知哪来的劲头，我竟然非常努力地用功起来，因为我突然有了一个想法——好好学习，远离这里，不再受他们的气。

从那时起我开始给自己种下如下信念（虽然那时我还不知道什么是信念）："我一定可以让自己有尊严地活着，我一定可以让家人有尊严地活着，我一定可以让家族的成员有尊严地活着，我一定要让父母为我骄傲。"

当时的想法不免偏激或幼稚，但若没有当时的顿悟，也许我今天还在老家种那一亩三分地，为修理地球而不懈努力。时至今日，我早已实现了小我的目标，还为家乡修路、架桥献出了微薄之力，帮助了十多个上不起大学的学生，捐助给养老院一些物资。回过头来想到今天还能为社会做一点贡献，帮助数以万计中国中小企业成长，我还要真正感谢那次事情的发生，没有父母和邻居的吵架让我一下子猛醒，也许我内心沉睡多年的火种沉睡依旧，直到被深埋地下。

我们每个人从出生到 18 岁成年都要经受万次以上的打击、批评和指责，这其中包括来自父母的、老师的、同学的、社会的方方面面的谆谆教导。如果我们不是能够快速恢复的优质弹簧，就很可能会被压垮、压折、压塌，最后觉得生活是多么没劲、多么无聊，我们会变得无精打采、唉声叹气，最后浑浑噩噩度过毫无意义的一生，没有给家族、给家乡、给社会、给祖国创造一点点价值，最后离开这个世界时痛彻痛悟，长叹一声：唉，这一辈子白活了。

信念是支撑我们渡过困境的有力支撑，没有这个支撑人生的大厦迟早倒塌。马云在1997年以前是个穷光蛋，他当时连写字楼都租不起，把刚招的员工召集到家里讲公司的美好未来，好像已经实现了一样，还没讲完，员工就走光了，但不管当时的境遇如何艰难，马云坚定地相信阿里巴巴的未来。任正非刚刚注册公司就对他的员工描述未来的愿景，未来买阳台一定要买大一点的，员工一头雾水。任正非说："到时候我们公司发钱太多，钱在床底下长毛要拿到阳台晒一晒。"虽然员工走了大半，但任正非仍坚定地相信未来。马云和任正非当时坚定的信念吸引了少数人紧紧跟随，到后来这部分少数人坚定地相信公司的未来，影响更多人相信公司的未来。

从页岩中找能源曾被讥为痴人说梦，今天这个发现改变了美国和世界。电脑由很多晶片组成，晶片的原料是沙子，人类通过不懈努力把不起眼的沙子变成了钱。人类的想法、点子通过思维碰撞为社会创造了巨大的财富，一句话：财富来自想象力，而想象力来自信念。

"人类的想象力大过浩瀚无边的海洋，爱因斯坦说，这是世界上最恐怖的力量。"同时，是信念的桌腿支撑了想象力的桌面，帮助人们将更多的梦想转化为现实，这些信念的桌腿诸如"一切皆有可能""世上无事不可为"等。

人如果没有强大的信念就会很轻易地接受别人的定论，活在别人的唾沫星子中，在自卑自弃中茫然而失去自信。相反，人如果拥有了强大的信念，就会在追求梦想的过程中自我鼓励、自我加油。相信自己的明天会更好，才能让自己的前进动力更强。

过度的自我内疚、自我自责可以使天才变白痴，持续的自我鼓励、自我加油可以使白痴变天才，这种持续的自我鼓励、自我加油就是给大脑装最好的“软件”，人生的品质最终取决于所装“软件”的好坏。

爱迪生在读小学的时候，老师多次找到他的妈妈，说爱迪生的智力可能不如同年龄段的儿童，朽木不可雕也，最终爱迪生在小学三年级最后一学期被勒令退学。从此妈妈成了爱迪生的老师，她从不相信自己的儿子是愚笨的，她从骨子里相信儿子是个天才。在妈妈给他装的“软件”的激励下，果然，爱迪生成为世界发明大王。就是这样的一个天才，差一点被老师断送了。

杰克·韦尔奇小时候患有严重的口吃，到烤肉店吃牛排，点一份常常会得到两份，因为他常常会把一个词重复两遍，他为此很苦恼。妈妈知道后却激励他说：“这恰恰说明你很聪明，嘴巴反应速度太快。你只要让聪明的嘴巴慢下来就可以了。”由此可见，杰克·韦尔奇之所以能够成为世界第一CEO（首席执行官），主要是得益于母亲给他的大脑所装的“软件”。

很多孩子小的时候很聪明，小学时老师问：“你们长大后要成为什么样的人？”有的说要当科学家，有的说要当国家主席，有的说要成为老板，有的说要成为航天员……岁月如梭，光阴荏苒，随着年龄的增长，我们进入大学，负面的批评越来越多。在这个唯分是举的时代，当老师再一次问：“你将来要成为什么样的人？”大部分人都说毕业后找个工作只要不下岗就行了。小时候的远大梦想已经被抛到九霄云外了，前后的回答为什么会大相径庭？是这些年的负面批评让我们与理想渐行渐远，已经没有任何的斗志可言，这都是大脑中负面的“软件”在作怪。

再也不能这样活，再也不能这样过，我们要懂得给自己装最好的“软件”，我们每天可以给自己竖起大拇指，给自己一个拥抱，发出“哇”的自我赞叹之声。远离负面情绪，远离负能量，学会自我激励，学会激励他人，在我们仅有一次的生命里活出最大的可能性，活出本我的价值，为家族、为家乡、为社会、为祖国做出更大的贡献。

大声地激励自己，勇敢地激励自己，理直气壮地激励自己，因为这样会让你产生自信，你的自信又会提升你的魅力和品牌影响力，吸引更多美好的人和事发生在你的生命中，就像惠特曼所说：“你有信仰就年轻，疑惑就年老，岁月使你懂得皮肤起皱，但失去了热诚，就损伤了灵魂。”自我激励最大的功效是使你在面对批评打击时，肯定自己，避免灵魂受伤，时时不忘自我激励。

本书将告诉你：如何身处逆境不坠青云之志，如何让自己永远保持巅峰状态，如何在受挫后拥有闪电般的复原力，如何输入全世界最顶尖的信念“软件”，如何拔掉盘踞心中已久的“烂苹果”，如何从一无所有到反败为胜，如何通过改变对自己的看法创造丰盈的人生……

当你的大脑装入这些奇妙的“软件”后，相信你将拥有不可思议的人生，这些“软件”是世界上20%最成功人士的成功秘密，你是不是非常迫切地想了解它呢？爱自己就给自己装最好的“软件”吧。著名思想家詹姆斯说：“20世纪最伟大的发现是人类可以通过改变自己的思想从而改变自己的命运。”我认为：21世纪人类最伟大的发现是人们可以通过重装自己大脑中的“软件”从而改变自己的命运。

北京大学光华管理学院前院长张维迎要求学院的老师，每天起床后问自己三个问题：中国没有北大行不行，北大没有光华行不行，光华没有我行不行？同样，作为你“人生有限公司”的董事长，你每天起来也应该问问自己：中国没有我行不行？伟大首先在于管理自己，而不是领导别人，包括我们的信念。

博雅公关公司前CEO柯维斯说：“每天当我梳头或者刷牙的时候，面对镜子里的自己都会问这样一个问题——作为一个掌管数千人的公司CEO，你能对他们的未来负责吗？”同样，每天早晨你对着镜子看到自己时，你能够问自己——我能对我的未来负责吗？如果能，你会让自己拥有什么信念呢？

排除自我设限，打破自我负面认定。班尼斯特能够在4分钟跑完1英里，这在当时人们的经验里几乎是完全不可能的，但班尼斯特没有受到负面设限的束缚，颠覆性地开启了新时代。

索尼在当年提出超越宝路华时，有多少人嘲笑它的这一想法，但50年后索尼人做到了。为了实现这一超越，索尼人拒绝了极具诱惑的十万台晶体管收音机订单，他们不做玻璃盖板下面的跳蚤，相信一切皆有可能，敢于挑战，敢于突破，心无旁骛地踏上他们的超越之旅。

改变对事物的认知，行为随之而改变。比如一个人长期暴饮暴食、酗酒、抽烟或吸毒，要想获得健康就必须改变，唯一的方法是把这些旧行为和痛苦连在一起，把新行为和快乐联系在一起。想要改变并获得长久持续的成功，关键就是要从改变信念开始！

一是建立“改变可以马上做到”的信念：很多人没有把改变的事与痛苦联系起来，很多人走在“准备”改变的漫漫征途上。

二是自己要对改变负责，若没有达成改变，不要责怪别人。首先必须相信某事必须彻底地改变，如拖延、减肥。其次坚信我必须改变它，而不是找个垫背的帮我们去实施改变，或找个替罪羊为我们的过失埋单。最后要坚信我能改变它，如果这一点都不能相信自己，我们就不会全力以赴。

为什么一个人戒了烟，还会有想吸烟的冲动？是因为这个人的神经与香烟产生了链接。要想让他真正戒烟必须彻底地改变他的神经对吸烟的感觉。首先确定什么是我真正想要的，答案是健康。是什么阻碍我们改变？答案是“认为改变是痛苦的”。其次找出杠杆：把大量的痛苦联系到不改变上，而把大量的快乐联系到改变上。

为什么我们想要改变，却又害怕改变？一个有效的办法：让痛苦达到临界点。尼采说：“一个人若决心强烈，将会所向披靡。”例如戒烟、戒毒等。自己可以试着想想：我不改变的代价有多大？我的人生会错失哪些机会？我在身体上、情感上、精神上、金钱上或情绪上有什么样的代价？如果我现在改变，将会获得哪些快乐？

如果本书能对你有所启迪、有所帮助，那将是十分有意义的事情。本书所写的内容是我多年来一直践行的信念，它对我的成长有巨大的帮助和激励，相信对你也一定有指导意义。通过这本书让我们相识、相知、相互切磋，这本身就是一场缘分吧！也许有一天你能出现在我的课堂中，像我的很多学生一样举手告诉我：“于行老师，我曾经看过你的书，我知道如何给自己装最好的‘软件’……”那将是我最欣慰的事情。

于行博士

2015 年 8 月 10 日

第一章　相信是最强的销售“武器”

相信是万能的开始，没有相信就没有可能。怀疑会折断我们腾飞的翅膀，让我们无法翱翔天际。怀疑让我们迷失自我，丧失一切可能性。

超级信念一：相信就是力量 …… 1

1. 你能成为你想成为的 …… 1

2. 力量皆出于相信 …… 4

3. 没有相信就没有可能 …… 7

4. 相信会让奇迹不断发生 …… 10

于行博士点拨 …… 14

超级信念二：成交一切都是为了爱 …… 15

1. 爱是一切力量的源泉 …… 15

2. 修炼你的爱心，找到爱的能量 …… 19

3. 销售工作最大的动力来自“爱” …… 22
4. 心存感恩，才能走得更远 …… 23
于行博士点拨 …… 28
超级信念三：过去不等于未来 …… 29
1. 相信未来，不要让过去打败 …… 29
2. 自信是成功的第一秘诀 …… 33
3. 战胜逆境，才能实现梦想 …… 38
4. 铲除消极、负面、限制性信念 …… 43
5. 战胜恐惧的良方 …… 47
于行博士点拨 …… 49

第二章　一切皆有可能

每个梦想都有其实现的可能性，哪怕只有1%的希望，只要我们付出100%的努力，生命中所有的可能性都可能成为成功的必然性。对于那些看似不可能的事情，只要主动出击，加倍付出，也可能石破天惊、创造奇迹。

超级信念四：世上无事不可为 …… 50
1. 创造不可思议的奇迹 …… 50
2. 杜绝说“不可能” …… 51
3. 成功需要始终如一的品质 …… 53
于行博士点拨 …… 53

超级信念五：一切美好向我涌来 …… 54
1. 容易被忽略的强大力量——吸引力 …… 54
2. 我们注意什么，就吸引什么 …… 56
3. 聚焦的力量 …… 57
4. 不同的环境吸引不同的结果 …… 59
5. 我是宇宙中最大的磁铁 …… 61
于行博士点拨 …… 64
超级信念六：没有人能想象我的未来是多么辉煌 …… 65
1. 世界上最伟大的力量是想象力 …… 65
2. 下一个奇迹是我 …… 72
于行博士点拨 …… 74

第三章　我的行动力超过法拉利

很多人之所以没有做出成果，不是他们知道的少，而是他们行动力太差，他们制订了周详的计划，但一再拖延不去执行，计划最终变成一张废纸。很多人面对竞争激烈的市场，不敢去拼搏，而是像鸵鸟一样，在面对天敌时把自己的头藏到沙子里。

超级信念七：凡事立刻行动 …… 76
1. 事业的成败取决于行动 …… 76
2. 马上行动，绝不拖延 …… 78
3. 让行动力强劲的办法 …… 81

4. 没有目标就没有成功 …… 84
于行博士点拨 …… 88
超级信念八：只要我一定要做，我就一定能做到 …… 89
1. 强烈的企图心带来无穷力量 …… 89
2. 决心决定成功 …… 90
3. 人类因为梦想而伟大 …… 92
4. 想成功就不要找任何借口 …… 95
5. 改变需要强烈的欲望 …… 96
于行博士点拨 …… 97
超级信念九：从出生的那一刻起，我就已经准备好了 …… 98
1. 要完美地不断练习 …… 98
2. 最好的准备：时刻准备着 …… 100
3. 重复总会产生吸引力 …… 104
于行博士点拨 …… 106

第四章　成功的销售离不开说服力

要想取得非凡的业绩，必须改变自己，包括自己的说服力，并且在骨子里坚信自己是“全世界有史以来最具说服力的人”。

超级信念十：我是全世界有史以来最具说服力的人 …… 107
1. 说服自己，为了影响更多的人 …… 107
2. 说服别人，度过一个完美的人生 …… 109

于行博士点拨……………………………………………………………… 112

超级信念十一：没有我说服不了的顾客………………………………… 113

1. 了解你的顾客 …………………………………………………………… 113

2. 机遇只垂青有准备的头脑 ……………………………………………… 115

3. 发现客户的需求及痛苦 ………………………………………………… 116

于行博士点拨……………………………………………………………… 124

超级信念十二：没有客户的拒绝，只有自己的放弃 …………………… 125

1. 面子不是别人给的，而是自己争取来的 ……………………………… 125

2. 战胜自己放不下的面子 ………………………………………………… 127

于行博士点拨……………………………………………………………… 129

超级信念十三：我可以解除顾客任何抗拒点，我是最受欢迎的人…………………………………………… 130

1. 拒绝是销售的开始 ……………………………………………………… 130

2. 嫌货才是买货人，打消顾虑促成交 …………………………………… 133

3. 应对顾客拒绝的话术 …………………………………………………… 136

4. 促成交易，及时嗅出成交的味道 ……………………………………… 140

5. 甜言蜜语，化解顾客异议 ……………………………………………… 144

于行博士点拨……………………………………………………………… 149

第五章　销售任何产品给任何人

销售是信心的传递，是情绪的转移。客户会从你的表情、眼神、语气、肢体动作中看出你对自己的产品是否有信心，从而决定是否购买。如果一个销售者没有在心中树立起“我能在任何时间、任何地点销售任何产品给任何人”的强大信念，就不太容易感染和说服客户。

超级信念十四：给期望一个时间截点…… 150

1. 理想和现实之间必须架起一座桥 …… 150

2. 期望定律 …… 154

3. 重复就是力量 …… 158

于行博士点拨…… 160

超级信念十五：吸引一切美好的事物出现在我的生命中…… 161

1. 学会展示自己 …… 161

2. 善用图片、照片、影像 …… 165

于行博士点拨…… 166

超级信念十六：任何时间、任何地点销售任何产品给任何人 …… 169

1. 销售是信心的传递和情绪的转移 …… 169

2. 随时随地大量结交朋友 …… 170

于行博士点拨…… 173

跋　积聚内在的力量…… 174

第一章　相信是最强的销售“武器”

相信是万能的开始，没有相信就没有可能。怀疑会折断我们腾飞的翅膀，让我们无法翱翔天际。怀疑让我们迷失自我，丧失一切可能性。

超级信念一：相信就是力量

1. 你能成为你想成为的

创业者想要成功，就要相信自己能行。创业者要在困难面前不退缩，从心底认为“应该能行，总有办法”。过去的办法不行，就要考虑其他的办法，不断地尝试，不断地创新。创业者只有做到这些，才算有了坚强的意志，才能够克服困难，走向成功。

京瓷刚创建不久时，为保证新公司的营业额，解决员工的吃饭问题，稻盛和夫以开辟新客户为目标，经常上门进行面对面的营销。但当时的京瓷，没有知名度，没有实际业绩，他上门推销往往是遭到无情的拒绝。

最令稻盛和夫尴尬的是拜访 NEC（日本电气股份有限公司）公司的那次经历。他当时真的什么也不懂，就跟门卫说，他希望见真空管部门的技术人员，对方当即拒绝，说：“你突然来怎么行啊!”

他没有放弃，拜访了多次之后，终于见到了相关技术人员。对方说：“你一点都不了解我们公司，NEC 是住友派系的企业，因此陶瓷产品我们都会向同一派系的日本特殊陶业公司及日本电瓷瓶公司购买。你们京瓷既不属同一派系，又没有实际业绩，这样的无名公司贸然前来，我们绝不会向你们购买的。”他极其冷淡地拒绝了稻盛和夫。

如何获得订单，如何打破这种派系内部交易，如何突破横在眼前的障碍，稻盛和夫一点办法也没有。跟他同去的年轻营销人员很沮丧，而他作为领导，不能气馁，不能灰心。因此，他鼓励那个受挫的年轻营销人员：“被拒绝的时候才正是工作的开始。思考如何打开困难局面，这才是我们的工作。”

无论遭遇怎样的困难，稻盛和夫都相信自己能行，保持坚强的意志，绝不放弃，坚韧不拔，不断拜访客户，努力争取订单。最终京瓷以数十万个、数百万个单位接受廉价产品的订单，稻盛和夫和他的员工们一步一步积累营业额，将业绩扩大到了今天的年销售额1万亿日元。

每当遇到困难的时候，稻盛和夫都相信一定能够克服它，并且充分发挥自己的聪明才智，拼命思考打开困难局面的办法。

无数的事实证明，成功由磨炼而成。创业者遇到困难，身处逆境，既要坚定信念，又要积极克服困难，只有这样才能早一天成就大业。

如果一个人一直认为自己不如别人，也不会有大的发展，成不了商人、富人或是有才的人，终日游手好闲、不学无术，那么最终也将一事无成。

事实就是如此，除了你自己，没有人能够看低你。别人对你的评价并不重要，重要的是你自己如何评价自己。如果你想成为将军，那你总有一天会成为将军；如果你想成为企业家，那你也能成为企业家……我们的潜力都是无穷的，只不过，有的人知道自己想成为什么，所以他能够有目标地去奋斗；而有的人不知道自己要成为什么，所以他最终一事无成。其中的关键，就是人的主观能动性。你希望自己成为什么样的人，就能成为什么样的人。

伟大的战略家克劳塞维茨说：“什么是领袖？领袖就是在所有人都认为毫无希望的时候，他能看到一束微光，并影响众人跟随他沿着这束微光前进的人。”哀莫大于心死，心若在，梦就在。心强则胜，心弱则衰。

在追求成功的路上，我们常常被泼冷水。连我们最亲近的家人和朋友都会否定我们，他们对我们的行为嗤之以鼻、极尽嘲笑，不相信我们会成功，这种“不相信”不知毁掉了多少人，使多少人心灰意懒，泯然众人矣。

2. 力量皆出于相信

全力相信之处，必有我们期待的结果。如果我们总是认为问题很多，那么问题就会接踵而来。如果我们相信别人会喜欢自己，那么就能赢得友谊。你相信的事情很可能就是真的，不管你相信的事情是好的还是坏的。任何事情在未达成之前，都有两种可能：能或不能。只要相信，“不能”可能转化成“能”。只要怀疑，“能”可能转化为“不能”。从出生开始，我们的心中就有两个小人在战斗，它们是“能”和“不能”。

30年前，我不名一文、贫困潦倒、自卑无助。有一天我告诉自己，再不能这样混下去了，我要成功，我要成为家族的骄傲，我要成为父母的骄傲，我要赢得别人的尊重，我要让别人看得起我，我应该有更好的人生……回首过去，无论是成是败，我都庆幸当初“相信的力量”救了我，让我从沉睡中惊醒，再也不能这样活。

我从当初一个穷人家的孩子到今天拥有三家公司、赞助数十个贫困孩子完成学业，未来还要成为上市公司董事局主席。从性格内向、严重自卑的孩子，到今天到人民大会堂演讲，未来要到联合国讲坛给世界六十亿人做演讲的演说家。从小时候没有钱买书，靠抄书读完初中到今天已出版了五本经管类畅销书，未来要在五年内出版五十本经管类畅销书。这一切都来自“相信的力量”。

> 美国哈佛大学塞缪尔·斯迈尔斯博士，70 岁高龄，却保有相对年轻许多的体态，有个年轻人去采访他。他说：“我在好多年以前遇到过一个中国人。”当时正值第二次世界大战期间，在远东地区的俘虏集中营里，那里的情况很糟，使人无法忍受，食物短缺，没有干净的水，放眼所及全是患痢疾、疟疾等疾病的人。有些战俘在烈日下无法忍受身体和精神的折磨。对他们来说，死是最好的解脱了。我自己也想爬上通电的围篱一死了之，但有一天，一个中国老人扭转了我要自杀的想法。他问我：“你从这里出去之后，第一件想做的事情是什么?”
>
> 这是我从来没有想过的问题，也从来不敢想。但我的心里有了答案：我想再看看我的太太和孩子们。突然间我告诉自己必须活下去。那个问题救了我一命，因为它给了我活下去的理由。从那时起活下去已经变得不再困难了。因为我知道只要我多活一天，离梦想就更近一步。这就是相信的力量，相信最后变为现实。

相信一件事情会发生，这件事情发生的概率就会提高，无论这件事情是好的还是坏的。相信就是给自己一个确定的感觉，相信让自己充满希望，信心百倍。斯迈尔斯博士之所以能死里逃生，在于坚信自己一定能活着走出集中营，见到自己的妻子和孩子。这种相信的力量让他有了活下去的勇气，让他有能力面对来自精神和肉体的残酷折磨。

一个销售员必须相信自己的前途是光明的，相信自己所在的公司是世界上最好的公司，相信老板是最值得跟随的领导者，相信产品是世界上最好的产品，相信自己是世界上最伟大的销售员，相信所有的客户都喜欢自己和自己销售的产品，这种相信最终会转化为状态上的提升和业绩上的增长。

不管有多少人怀疑你、鄙视你、不相信你，你自己一定要相信自己会成功。几个世纪前为了纪念雅典与波斯战役中的胜利和表彰尽职尽力的英雄菲迪皮茨的功绩，1896 年，雅典人在第一届奥林匹克运动会上，规定了一个新的竞赛项目——马拉松赛跑。根据当年菲迪皮茨经过的路线确定全程为 40 千米又 200 米。1920 年，经过仔细测定又把距离改为 40 千米又 195 米。

菲迪皮茨的名字和马拉松比赛将随着奥林匹克运动会的圣火一代又一代地留存在人间。而在刚开始，人们总觉得这是不可思议的，而且他们试图利用动物在后面奔跑，来激励他们快速奔跑。现在这项运动依然存在。人们是如何打破纪录的呢？是相信的力量。他们相信自己可以，所以才会有今天的马拉松比赛。

虽然人类依然是用以前的肺呼吸，用以前的心脏来维持心跳，而唯一不同的是坚信自己可以成功，可以超越前人迈向更高的台阶。总之别人对你说什么都不重要，重要的是你是否相信自己可以成功。

人类的两大恐惧：第一是害怕自己做得不够好；第二是害怕失去

爱。销售冠军的共同点是骨子里坚定地相信自己，相信到甚至有点自恋和自我欣赏的程度。相信让人充满力量、充满希冀、充满能量，这些能量将会形成一个巨大的磁场，吸引一切正能量，你的身体散发出的魅力会不知不觉地影响你接触的所有人，他们会不知不觉地被催眠或被说服，这就是相信的力量。

相信就是力量，这种内在力量使人遇到困难，碰上痛苦，能够坦然面对，并相信自己的未来一定会好起来。困难大家都会有，痛苦每个人都会遇到，这都是不可避免的，但是内在力量强大的人可以战而胜之。

3. 没有相信就没有可能

癌症病人90%是被吓死的，因为当他们看到诊断书的那一刻精神彻底崩溃，他们坚定地相信——这下彻底地完了，最后主动配合这种负面的信念，停止了呼吸，闭上了双眼。因此，如果把肿瘤医院改成亚健康康复中心，医生每天都乐呵呵地说：“没问题，一切正向好的方面发展，这样下去，很快就出院了。”我想这样至少能够挽救或延缓50%以上癌症患者的生命。

一个人在沙漠里迷失了方向，带去的水也已喝干，只剩下一个苹果。这个人在沙漠里艰难地走着，不知走了几天，嘴巴干裂出好几道口子，嗓子也像着了火，但他舍不得吃这个救命的苹果。他艰难地走着，边走边不断地叨念，我还有一个苹果，我还有一个苹果……

终于，他走出了沙漠，看到了村庄，他喜极而泣，这时看了看手中紧攥的苹果，它已经成为一个干瘪的、没有食用价值的果干了。很难想象如果没有这个苹果，他能否走出沙漠呢？他之所以能走出来在于坚信自己还有一个苹果。相信让他拥有了前行的勇气，最终扭转了死亡的命运。

大家都知道愚公移山的故事，当所有人都和故事中的智叟一样嘲笑愚公时，愚公的信念越发坚定：虽我之死有子存焉，子又生孙，孙又生子，子又有子，子又有孙，子子孙孙无穷匮也，而山不加增，何苦而不平？我们的信念只有像愚公一样坚定不动摇，才会有所作为，有所建树，任何浅尝辄止、轻易放弃都是不会有大成就的。

莱特兄弟相信人类可借助工具实现飞翔之梦，于是发明了飞机；比尔·盖茨相信软件能给人类带来好处和方便，于是创造了操作系统；沃尔顿相信用微笑征服世界的箴言，创办了一家天天低价的超市去影响世界；克林顿作为高中生代表参观白宫时，相信自己也可以成为这里的主人，后来成功当选总统。这一切都来自相信，相信让你变得热忱和专注，相信让你步向成功的快车道。只有对自己所做的事深信不疑，才能影响追随者和客户，才能影响社会来支持你。没有相信就没有可能。

金字塔作为世界上七大奇迹之一，是如何建造出来的，至今仍然是一个未解之谜，其中运用的精湛的建筑技术和巧妙的力学原理让今人叹为观止。即使在今天建筑师运用各种现代化的机械设备，也未必能够完成如此壮观宏伟的建筑物。很难想象四千多年前的埃及人如何仅凭畜生、树木和石头就能实现这样的杰作。仅凭巨大的杠杆和斜坡原理就能完成这几乎不可能完成的任务，是因为这些目不识丁的工匠们深深相信一个事实：金字塔是法老上天的天梯。它一定可以存在于这个世界上。

他们坚信法老死后会成为神，他的灵魂会升天，而金字塔就是这样的天梯。对于天梯的存在他们深信不疑，他们下定决心要建造这样一座天梯，于是就有了金字塔的模样。金字塔本身象征着刺向天空的太阳光芒，其角锥体形式体现了对太阳神的崇拜。古埃及人对神信仰得极其虔诚，他们认为“人生只不过是一个短暂的居留，而死后才是永久的享受”，受这种观念的影响，他们在活着的时候，就诚心备至、充满信心地为死后做准备。有钱的埃及人忙着为自己准备坟墓，以求死后获得永生。法老或贵族会花费几年，甚至几十年的时间去建造坟墓，命令匠人以坟墓壁画和木制模型来描绘他死后要继续从事的驾船、狩猎、欢宴活动及仆人们应做的活计，使他在死后还能如生前一样活得舒适如意。

天梯的存在不容置疑，虽然谁也没有“见过”它，但在古埃及人的内心深处，他们不仅“见过”，而且知道如何“建造”它，所以在当时极其落后的条件下，数万名工匠在近乎残忍的工作中完成了这一雄伟壮观的杰作。在建造金字塔之前，没有人知道它长什么模样，但上至法老，下至工匠，都对金字塔的存在深信不疑，仿佛它原来就存在，结果它真的存在了。今天，埃及境内大大小小的金字塔将近一百多座。

4. 相信会让奇迹不断发生

信仰的核心是超越我们眼前所见的，去相信一个我们从未亲眼见过的世界。《圣经》里有一句话："信是所望之事的实底，未见之事的证据。"意为我并没有见到它，但在我内心深处对它深信不疑，而且脑海里已经有它存在的证据了。几乎所有的奇迹和创造背后都暗藏着这一原理，从世界上的七大古迹到我们身边层出不穷的小发明、新事物。

1983 年，面对 IBM（国际商业机器公司）咄咄逼人的攻势，苹果公司的市场份额迅速缩水。乔布斯认为公司缺乏一个真正有实力的深谙管理和营销的领导者。他力排众议，相中了时任百事公司 CEO 且根本不懂计算机的斯高利，乔布斯对斯高利说的一句话改变了后者的命运，"你想一辈子卖糖水，还是想改变整个世界?"就这一句有境界的话吸引了斯高利加入苹果公司。斯高利之所以受影响追随乔布斯，源于乔布斯"活着就要改变世界"的信仰，今天的苹果公司发展如日中天，它影响了全世界的其他各个企业都在以苹果为学习的榜样！

马云刚开始从国家外经贸部辞职下海创业的时候，一无所有，房租交不起，在家里讲创业计划。他对当时新招来的员工说："虽然我们现在一无所有，但我相信互联网的泡沫很快就会过去。我们将迎来发展的契机，我相信只要我们努力，我们阿里巴巴一定可以在美国纳斯达克上市。我们要成为一家备受尊敬的公司，让天下没有难做的生意。你们只要跟着公司干不掉队，到时候你们都是百万富翁、千万富翁，乃至亿万富翁。”很多员工当时就走掉了，因为他们根本不相信一家连房租、水电费都交不起的公司可以成为上市公司。这些走掉的员工不相信不重要，重要的是马云和他的核心团队相信就够了。若干年后，阿里巴巴真的在美国纳斯达克上市了。作为创业股东，很多人成了百万富翁、千万富翁，甚至亿万富翁。

任正非在创业初期对员工慷慨陈词：华为现在虽然很弱小，但我相信，只要大家齐心协力、万众一心，我们华为一定可以成为一家伟大的公司。到时候你们都能开上车子，买上房子，不过你们买房子要买阳台大一点的，为什么？到时候，我们发的钱太多了，为了避免在床底下长毛，要经常拿到阳台晒一晒。当时很多人听后都不相信，认为是笑谈。若干年后，华为成为行业内的佼佼者，人们每年都拿到大把的工资奖金，确实要拿出来晒一晒了。

IBM为什么会成为蓝色巨人，因为IBM将信念像教会一样制度化，员工、高管、核心团队对企业未来的愿景坚信不疑。这种相信转化为信念，信念又转化为信仰，这种信仰又会影响到客户对IBM的坚定支持和信任。

相信者就像蜂鸟一样，它们盘旋在烈日炎炎的天空，面对茫茫沙漠，始终相信一定会有绿洲，一定会有花朵，最终，这些蜂鸟都会如愿以偿；而不相信者就好比寒号鸟，它们只知道悲观失望，怀疑一切，啜泣哀鸣，它们不相信寒冬过后还会有什么飞禽走兽能活下来，所以它们不筑巢不做过冬的准备，一场暴风雪袭来，它们就倒下了。

专注于积极的目标，把精力倾注在当下的事情上，而非向后看，担心过去的失败重演。在美国有一个人叫卡尔沃伦达，在一次表演中失足，从高空摔下来身亡。他的妻子回忆说："他这次表演的前三个月，满脑子想的都是失足摔下，他把精力都放在失足摔下而非走钢丝了。"

卓越者专注于积极的成果，而不是失败的风险。有记者问美国棒球联赛冠军教练，对他的球队连续29场主场不败之后遭遇的失利怎么看。这位教练说："太棒了，现在我们可以专注在赢球上，而不是怎样不输球上了。"

相信者浑身充满着热情，充满着希望和能量，他们懂得发挥想象力。"你相信自己一年内能挣到20万元吗?"你摇摇头，因为你的银行卡上的总额从来就没有超过10万元，每月工资一到手就花个精光。你根本不相信自己能够挣到这么多钱，事实也是如此。当我把这个问题转向一个私营老板时，他大笑道："怎么可能才20万元，我一个月就能挣到20万元。"他对自己一年能挣到20万元的能力深信不疑，事实也是如此。在"你"和这位"千万富翁"之间有一个完全不同的思维观念，"你"不相信，而千万富翁相信。回溯到千万富翁年轻的时候，他刚20岁出头，每个月只能挣不到1000元的薪水，但他相信自己可以赚到更多的钱，于是从5000元到10000元，然后是5万元、10万元，之后是50万元、100万元，之后是更多。他不断创造之前没有发生过的事情，因为他相信这些梦想一定会成真。

联想控股成员企业弘毅投资顾问公司的总裁赵令欢在接受上海卫视《波世堂》访谈节目的采访时，主持人介绍说他用了八年时间把一家创业初期拥有10亿元资产规模的公司做到了如今拥有450亿元资产规模的投资公司，实属行业内的奇迹。为此，他被选入全球股权投资行业“100位最有影响力的人物”。

主持人问他是如何做到的，赵总说他办公室挂着国内书法大师范曾老先生送给他的墨宝，上面写着“信仰、信心、信任、信誉”，这八个字一直在默默地激励着他。首先是“信仰”的力量，如果没有信仰的力量在支撑着他，他简直不敢相信这八年是如何走过来的。这里所说的“信仰”实际上就是坚定地相信未来，一句话——相信就是力量！

相信会让事实不断发生，因为坚定不移地相信某些比自己当前更宏大的事物。如果你相信“我能行”，那么你真的可以；如果你相信奇迹，奇迹就会在你的生命中发生；如果你相信爱，真爱也会与你相遇。同样地，在很多情况下对看不见的力量心存宗教信仰般的虔诚，我们将会获得更多“奇迹”，这只是开始，我们需要做更多的工作，这些“奇迹”看起来更像是真的，更像在我们眼前发生的一幕。

任何人完成任何事，都可以通过以下四个步骤实现，比如我的目标是2015年12月31日以前成为上市公司董事局主席，其实现的四个步骤如下。

①想象——想象自己是上市公司董事局主席，自己带领整个团队在美国纳斯达克上市仪式现场敲钟，公司的LOGO（商标）在大型显示屏上滚动，五星红旗飘动在现场。

②假装——假装自己是上市公司董事局主席，西装革履、气宇轩昂，有领袖风范，目光中透出自信和坚毅。

③当作是——自己和周围人都当作自己是上市公司董事局主席。

④就是——最后经过股改、包装，自己真的会成为上市公司董事局主席。

只有不可思议的“相信”，才能产生不可思议的未来。小心你“相信”的内容，不管是好的还是坏的。因为它一不小心就可能会实现。

无论如何，永远不要失去相信的勇气和智慧，假如没有得到自己想要的，那一定是上天在考验你的意志。只要相信就有可能，相信我们的事业会腾飞、家庭更幸福，相信我们的中国梦会实现，相信我们中国会龙行天下，相信我们伟大的祖国会越来越强大。

于行博士点拨

你明天成为谁，就是今天假设你是谁。每个人都是自己的预言家，但有些人放弃了自己的权利。如果你的预言会成真，你会如何预言自己的未来呢？任何一个伟大的人都有平凡的过去，只是他进入了伟大的通道；任何一个平凡的人都有伟大的未来，只是他必须进入这个伟大的通道。根据《吸引力法则》一书，这个通道就是“相信”。相信的三个步骤：向宇宙发出要求、相信这些要求已经被满足、满心欢喜地接受这一切。你相信你能和你不能都是对的，关键是你相信的事情会发生。

超级信念二：成交一切都是为了爱

1. 爱是一切力量的源泉

爱是一个人前行最大的动力。一个职场人努力工作的背后来自对家人的爱，他希望通过自己的努力让家人过上更好的生活。一个销售者能成为销售冠军来自他对家族的爱，他希望通过自己的努力光宗耀祖。一个伟人努力的背后是来自对民族、对祖国的爱，他希望通过自己的努力让民族振兴，让国人过上更好的生活。

特蕾莎修女把一切都献给了穷人、病人、孤儿、孤独者、无家可归者和垂死临终者。她从12岁起，直至87岁去世，从来不为自己，只为受苦受难的人活着……她认为人类的不幸并不存在于贫困、生病或饥饿，真正的不幸是当人们生病或贫困时没有人伸出援手。她说：“即使你是友善的，人们可能还是会说你自私和动机不良。不管怎样，你还是要友善。”

诺贝尔和平奖获得者特蕾莎修女带领修会七千多位修女和修士们终其一生、全心全意地为“最穷”的人服务。这才是大爱！她的大爱之心吸引了全球各界人士的关注，她却从不以慈善会的形式为穷人募捐，而是利用自己69年持续的行动感动和感召了更多有爱心的人来为穷人服务。

这个世界上最令人温暖的力量来自“爱”，促使一些人有所成就的幕后推手就是“爱”。当我们最后即将离开这个世界时，回想这一生像放电影一样会出现很多镜头，但我想这些镜头中最令我们温暖的力量就是“爱”。爱是一切力量的源泉，爱是一切卓越的销售者最大的成功秘密。

一个曾经贫困潦倒的我，怎么成为三家公司老板的呢？一个曾经严重自卑内向的我，怎么成为畅销书作者的呢？一个曾经害怕被拒绝的我，怎么成为汽车起动机行业中的销售冠军的呢？一个曾经低头走路、讲话口吃的我，怎么成为2006年度中国十大培训师的呢？

我做销售的动机源于我希望家人过上更好的生活。我小时候，生活在贫困的家庭，生活十分拮据，写字的纸用上坟的烧纸裁成。买不起蜡烛，只好点煤油灯做功课。冬天寒冷，没钱买手套，双手冻裂了十几个口子，瘙痒难受时就从棉裤的破处掏出一块棉花烧成灰上到患处。就这样日子一天又一天，学习也是不太用功。一天中午放学回家，发现妈妈病倒在床上，问她为什么不去卫生所。她说：“挺一挺就好了。”

妈妈不是不愿去卫生所，是她舍不得花钱呀。我们兄弟三个都上学，家里就爸爸一个人在村里当民办教师，领着微薄的薪水。父母咬牙坚持，压力很大。那天我突然懂事了，眼泪流了下来。我是家里孩子中年龄最大的，再也不能这样混下去了。我要光宗耀祖，我要让妈妈能看得起病。从那天开始，我像变了一个人一样，发疯似的学习。

高中读书时，爸爸走了百里土路送来一袋子饼，放在床底下受潮长毛，舍不得扔。别人到午饭的时间去食堂，我则找个借口留在寝室里，把饼上长的毛扒掉就着家里带来的咸菜对付一顿。就这样我带着能让爸妈过上好日子的梦，终于考上了大学，能拿出钱给妈妈看病，妈妈欣慰了。现如今回到老家，当年小学和中学学习很好的同学有多数在村里种地，形容枯槁，双手枯干皲裂，根本看不出我们是小学的同学。岁月的刻刀毫不留情地在他们的额头上刻出一道道皱纹。他们依旧重复着父辈的故事，而他们的子女，由于没有受到更好的教育，很可能也会步他们的后尘。

要想获取生命力，拥有正能量，心里必须充满爱。爱是情感的产物，成就是爱的结晶。为了爱，我们全力以赴！为了爱，我们勇往直前！爱是我们前行的动力，爱让我们充满活力，进入“长风破浪会有时，直挂云帆济沧海”的境界。

有一位父亲因为三岁的女儿浪费了一些金色的包装纸而训斥了她，因为那个时候家里不是很有钱。当他看见女儿将金色包装纸装饰好的盒子放在树下时，他非常生气。没想到隔了一天，小女孩把那个盒子带到父亲面前说：“爸爸，这是给你的。”

父亲对于自己先前的过度反应感到有点不好意思，可当他发现盒子里面什么都没有时，又发起脾气大声训斥女儿：“你难道不知道礼盒里面应该有礼物吗？”

那个小女孩抬起头，含着眼泪望着爸爸说：“哦，爸爸，里面不是空的。在盒子里面有许多我吹进去的吻，那都是给你的。”

父亲怔住了，他抱起女儿企求她的原谅。

爱是宇宙最伟大的力量。没有爱，我们就不可能长大。我们人类最需要无条件的关爱。从十月怀胎，学会吃饭，学会走路，学会说话，学会上学到学会工作，没有父母的爱，我们根本就没法生活。生命中缺少爱，就像缺少阳光雨露一样，生命如何成长？

你想成为、实现或拥有的一切都来自爱。如果失去爱，你就不会前行，也不会有内在的力量驱使你每天早上起床、上班、玩游戏、跳舞、聊天、学习、听音乐等。鼓舞你前进，让你渴望成为、实现或拥有一切的，正是“爱”，这是积极向善的力量。爱的正面力量可以创造一切美好事物，并改变你生命中的任何负面事物。你拥有掌控健康、财富、职业、人际关系及人生各个层面的力量，而且那股力量也就是“爱”——它就在你的内心深处！

如果你有力量控制自己的人生，而且那股力量在你内心深处，为什么你的人生并不精彩？为什么你的人生不是在每个领域都有杰出的表现？为什么你一直没办法做你想做的事？为什么你不是每天都满心喜悦？答案是：因为你有选择权。你可以选择爱，并运用这股正面力量，也可以选择放弃。不管你是否意识到，你人生中的每一天——你生命中的每个当下——都在做这个选择。每当你在人生中体验到美好事物时，就表示你付出了爱，而且运用了爱的正面力量；而每当你经历不愉悦的事物时，就表示你没有付出爱，其结果就是负面的。爱是你生命中所有美好事物的起因，而缺乏爱就会引起一切负面事物及痛苦。悲惨的是，从现今全世界所有人的人生乃至人类整个历史来看，人们对这股力量显然还缺乏认识与体悟。

2. 修炼你的爱心，找到爱的能量

（1）爱是包容

关于爱，有一个发生在多年前越南战争期间的故事。记者帕特里夏·厅泽姆在《麦克琳》杂志上记录了这个故事。

9 岁的潘太琴正在逃命，美军的炸弹在她周围爆炸了。她回忆道：“我立刻感到我的衣服烧着了，身上到处都是火，我看见我的手和胳膊在燃烧。”她不停地跑着逃离火场，就像她所说的，“没有其他想法”，只有巨大的恐惧和足以把人烤焦的灼痛感。她的后背严重烧伤，皮肤被炸弹爆炸后的高温汽油烧焦，并且深度灼伤。

拍到这一情景的摄影师尼克·乌特把她迅速送到附近的医院，在那里治疗了 14 个月，进行了多次手术。尼克拍下的这幅令人震惊的照片，因为捕捉到了潘太琴极其痛苦的那一瞬间而获得了普利策新闻奖。

潘太琴后来定居在加拿大，逐渐恢复了健康并适应了西方生活的她表现出了很强的宽容能力。1996年秋天，她参加了在华盛顿特区举行的一个越南战争纪念日活动。在那里，她在事先不知道的情况下见到了当时下令空袭她家乡的人——约翰·普卢默将军。当他们两人并排坐着互相握手微笑时，潘太琴没有一点仇恨的表情，只有宽容。

在这一点上潘太琴是超然的，许多人都会生活在怨恨中，用仇恨浪费生命，而她选择了不去回忆那场战争。“我从不为此悲伤，”她说，“不断地重复甚至加深痛苦太累、太沉重了。”于是她选择向前看。现在她有着美满的婚姻，还生了一个儿子。是爱和宽容让她获得了美好的生活。

（2）爱是信任

你信任别人越多，别人回报你越丰厚。你爱别人越多，同样，你的爱会随之不断扩充和成长。爱是具有如此伟大的魔力，拥有这种力量的人，都会信任别人和受到别人的信任。古人有云：“士为知己者死。”这句豪言不知曾激励了多少人？刘备和诸葛亮就是一个典范。缘何一个人被信任，会导致如此的行为方式？人是需要满足的。人生最高层次的满足不是锦衣玉食，也不是前呼后拥，而是自身价值的充分体现。对一个人的信任，正是对这个人的人格的看重和价值的肯定。

李世民在攻打山西太原时，尉迟敬德作为敌方一员猛将，李世民最终把他给降服了。李世民的亲信始终害怕尉迟敬德将来可能会威胁主子的安全，多次想要诛杀尉迟敬德，但都被李世民给阻止了。“疑人不用，用人不疑”，这是李世民的用人哲学。

尉迟敬德为李世民对他的信任而感动，他凭借高超的武艺，多次冒险救李世民于危难之中，立下不世之功。尤其是在玄武门之变中，不但杀死李元吉，救了李世民之命，还请高祖下令，令诸军皆属李世民指挥，内外遂定，可谓力挽狂澜。

尉迟敬德同时还有远见卓识，如玄武门之变后，对太子的党羽主张释而不杀。这一举措迅速缓和了内部矛盾，同时还为李世民保留了魏徵那样的大批栋梁之材。在某种程度上甚至可以这样说：没有尉迟敬德，就没有李世民，也就没有后来的大唐盛世。

如果没有李世民对下属的这份信任，就没有尉迟敬德自归顺之后，从无二心为其赴汤蹈火在所不辞的情结。

(3) 爱是赞美

肯定他人，未必是否定自己，这是拉近人与人之间距离的最关键因素，让其成为你信念中最优良的种子，成为伴你一生的习惯。

弗朗索瓦兹·吉洛特是画坛巨匠毕加索的妻子。她十分爱好画画。有一次，吉洛特在画室里画画，她的儿子科劳德来敲门。小科劳德年龄还小，但很聪明。

吉洛特不喜欢有人打扰她画画，所以听到敲门声，只应了一声“嗳”，没有放下画笔，也没有去理会。

"妈妈，我爱你。"科劳德想让妈妈陪他玩。

过了几分钟，科劳德见妈妈还不开门，又说："我喜欢你的画，妈妈。"

"谢谢，我的心肝，你真是个小天使。"

又过了一会儿，科劳德说："妈妈，你的画太美了。"她停下了笔，但没有说话，科劳德可能已猜出妈妈的心思，所以赶紧说："你画得比爸爸好！"

这回，她终于放下笔，把门打开了。

如果你爱一个东西，或者爱一个人，最好的方式就是赞美，因为赞美，才能体现出爱。科劳德对妈妈的赞美，将浓浓的亲情和母爱发挥了出来。

3. 销售工作最大的动力来自"爱"

一个新业务员害怕拜访陌生客户，一直没有业绩，但是如果说他的母亲此时正好需要一笔钱动手术，否则就会与世长辞，那他能不能解决这个问题呢？能。为什么？对母亲的爱让他战胜了害怕拒绝的窘境。

作为销售者，工作中最大的动力来自"爱"——爱父母、家人、家族的动力，让他义无反顾地做销售。"爱"的力量越大，他的行动力越强。回想从小到大有多少双期望的眼睛注视着你，你站在多少人的肩膀上向上攀登。这些人有可能是你的父母、兄弟、朋友、同事等。这些年有多少人需要你感恩？报答父母最好的办法是在工作中干出成绩让他们以你为骄傲，我们要做的就是写就一个辉煌的人生，永远不要让他人失望。

4. 心存感恩，才能走得更远

生命中有太多的遗憾，我们常常因为忙碌，而忽略了身边的亲情和爱。如果我们渴求拥有想要的生活，那么一开始心中就要充满深深的爱、感恩和感谢。只有在爱和感恩的时候，你才能够拥有能量。

有了能量，就会有正面的磁场，就能吸引一切美好的事物来到你的身边。爱是发自内心的情感，是快乐、关心和豁达的一种升华。早上起床的时候，你看到窗外的阳光，你会感恩；吃一块面包，你会感恩；接到朋友的电话，你会感恩；在树上看到一只鸟在唱歌，你会感恩；看到猫咪睡在你的床头，你会感恩；然后你的一天乃至你的一生，就在这爱和感恩的心情中度过，那你还有什么不幸福的呢？

很多时候我们认为现在所拥有的一切都是理所应当的，是天经地义的。其实，并非如此。在这个世界上充满爱和感恩的人和事越来越多，理所当然的事就会越来越少。所以，感恩其实就是一种利人利己的责任：对自己的责任、对亲人的责任、对他人的责任、对公司的责任、对社会的责任。因为只有铭记于心，才会有恒久的责任。

在美国，每年11月的最后一个星期四是感恩节。感恩节是美国人民独创的一个古老节日，也是美国人合家欢聚的节日，因此美国人提起感恩节总是备感亲切。感恩节的由来要追溯到美国历史的发端。1620年，著名的“五月花”号船满载不堪忍受英国国内宗教迫害的102名清教徒到达美洲。

1620年和1621年之交的这个冬天，他们遇到了难以想象的困难，处在饥寒交迫之中，冬天过去时，活过来的移民只有50来人。这时，心地善良的印第安人给移民送来了生活必需品，还特地派人教他们怎样狩猎、捕鱼和种植玉米、南瓜。在印第安人的帮助下，移民们终于获得了丰收。在欢庆丰收的日子，按照宗教传统习俗，移民规定了感谢上帝的日子，并决定为感谢印第安人的真诚，邀请他们一同庆祝节日。

在第一个感恩节的这一天，印第安人和移民欢聚一堂。他们在黎明时鸣放礼炮，列队走进一间用作教堂的屋子，虔诚地向上帝表达谢意，然后点起篝火举行盛大宴会。第二天和第三天又举行了摔跤、赛跑、唱歌、跳舞等活动。第一个感恩节非常成功。其中许多庆祝方式流传了300多年，一直保留到今天。

感恩是对现在拥有的在意，感恩是对有限生命的珍惜；感恩是对赐予我们生命的人的牵挂，感恩是对陌路关爱的回馈……

世界500强企业松下集团的前董事长松下幸之助每天都有一项重要的工作：给员工倒茶。他感恩自己的员工，尊重他们的劳动，于是他拥有无数敬业乐业、拼搏进取的好员工。

美国前总统里根在白宫的办公桌上写下一句话：只问耕耘，不问收获，没有做不了的事，也没有到不了的地方。感恩是积极向上的思考和谦卑的态度，它是自发性的行为。当一个人懂得感恩时，便会将感恩化作一种充满爱意的行动，实践于生活中。感恩不是简单的报恩，它是一种责任、自立、自尊和追求一种阳光人生的精神境界！感恩是一种处世哲学，感恩是一种生活智慧，感恩是学会做人，成就阳光人生的支点。

心态改变，态度就跟着改变；态度改变，习惯就跟着改变；习惯改变，性格就跟着改变；性格改变，人生就跟着改变。用感恩的心改变我们的态度，用诚恳的态度带动我们的习惯，让良好的习惯升华我们的性格，让健康的性格成就我们幸福的人生。

学会感恩而非抱怨指责，是成功的起点、吸引力的源泉。感恩是一种健康心态，是一种良知，是一种动力。人有了感恩之心，生命就会得到滋润，并时时闪烁着纯净的光芒。永怀感恩之心，常表感激之情，原谅那些伤害过自己的人，人生就会充实而快乐。感恩父母的养育，感恩大自然的恩赐，感恩食之香甜，感恩衣之温暖，感恩花草鱼虫，感恩苦难逆境，感恩自己的对手，正是他们的存在，才铸就了自己的成功。

心存感恩，知足惜福，人与人、人与自然、人与社会才会变得和谐和亲切，我们自身也会因此变得愉快而又健康。常言说：“施恩于人共分享，送人玫瑰，手留余香。”人生在世，要学会分享给予，养成互爱互助的习惯。给予越多，人生就越丰富；奉献越多，生命才更有意义。一个懂得感恩并知恩图报的人，才是天底下最富有的人。

感激养育你的人，因为他给予了你生命；感激教育你的人，因为他丰富了你的心灵；感激关爱你的人，因为他教会了你付出；感激启迪你的人，因为他提升了你的智慧；感激伤害你的人，因为他教会了你的意志；感激欺骗你的人，因为他唤醒了你的良知；感激折磨你的人，因为他锻炼了你的毅力；感激放弃你的人，因为他教会了你的独立；感激打击你的人，因为他强化了你的能力；感激批评你的人，因为他拓宽了你的心胸。

感激你的客户，因为他们是你的衣食父母；感激你的同事，因为他们是你的亲密战友；感激你的下属，因为他们是你的绩效伙伴；感激你的对手，因为他们是你的动力之源。

如果你今天要让生命变得更加有意义，那么就要懂得感恩。当你报怨、难过的时候，请你立刻把状态指向感恩状态。世界因感恩变得美丽，人类因感恩变得伟大。感恩是一种生活态度，是一种美德，是建设和谐社会的必要基础。

感恩并不需要很贵重的礼物，因为世界上最珍贵的不是礼物，而是挑选者的良苦用心。一件亲手织的围巾比商场里动辄几千元的羊绒披肩更能打动人心，一张亲手绘的插画比精心装裱的油画更温馨。

老师给孩子布置了一道作业题，就是他们要送一份礼物给爸爸妈妈。孩子们都很用心，他们中的大部分家庭条件优越，这份礼物也得到了父母的资助，所以接到任务后孩子们就涌向超市和商场，但只有一个孩子坐在培训会场里，正埋头写着什么。老师好奇地走过去，看到他正工工整整地写着。问他在做什么时，他回答说正在写感激信，想把它作为礼物送给妈妈。

内容很简单，只是说“妈妈做的饺子很好吃”“培训会场窗台上的花很漂亮”“同桌送给我一个漂亮的钥匙扣”之类的，记录他对于每件美好事情的感激之情，他感激妈妈辛苦付出，感激同伴好心相送，感激大自然的无私馈赠，他对许多被认为是常态的事情怀有一颗感恩之心。这封感激信从众多贵重礼物中脱颖而出，对于一颗真诚的感恩之心，还有什么比它更贵重的呢？感恩应该是一种常态，不应该因为“任务”或者有所求时才去表达。课程结束后，这个孩子成为班里最受欢迎的学员。

懂得感恩让我们结识更多的朋友，得到更好的服务，同时也会吸引更多善意的目光。真诚地表达你的感恩之情，美好的事情才会不断发生在我们身上。

牧师及哲学家德日进（1881—1955 年）说：“爱是世界上最强大，同时也是最不为人所知的能量。”《世界上最伟大的推销员》一书中写道：“爱是一切成功的最大秘密。强力能劈开一块盾牌，甚至毁灭世界，但是只有爱才具有无与伦比的力量，使人敞开心扉。”耶稣在十字架上临死前说了一句话：“我渴。”耶稣当时代表了古往今来全人类中所有受苦受难的人。所谓的渴不仅是生理上的需要水喝，而且也代表人在受苦受难时最需要的是来自人类的爱，来自人类的关怀。每个人都需要爱，是人人都需要的一种感情。

对父母的爱，对情侣的爱，对子女的爱，对事业的爱，对团队的爱，对故乡的爱，对国家的爱，等等。正是因为这种感情普遍到人人都有，所以爱也需要修炼。有没有超凡脱俗的爱呢？当然有，这种爱叫真爱，或者大爱，它是发自内心的，是不求回报的，是没有功利目的的。父母对子女的爱叫真爱，能够为亲人以外的人牺牲自己的人，心中有大爱！

销售就是销售自己的人格和魅力，修炼自己的境界高度和格局，懂得爱和感恩，做好自己，才会有好的业绩。每个销售者都应该修养自己，让客户接受你、喜欢你、购买你。

于行博士点拨

爱是一切动力的源泉，你的爱有多大，你就能成就多大的事业，高手就是激发自己的大爱，把天下兴亡当作自己的责任，从而成就伟大的事业。感恩是一个人的加油站，感恩就是自我祝福，永远心怀感恩才能走得更远。

超级信念三：过去不等于未来

1. 相信未来，不要让过去打败

当危机来临时你能看到其中的机遇，积极正面地去看它意味着什么？当你处于巅峰状态的时候你就能够积极地“定义”，所有的情绪都取决于你聚焦的是什么。你怎么给这件事情下定义呢？

2013 年受到嫩江洪水影响，黑龙江农民损失惨重。黑龙江省肇源县民意乡一对夫妻上吊自杀，原因是“庄稼绝产”。庄稼绝产是天灾，在天灾面前不要失去希望，毕竟天还没有塌下来，为什么要寻短见呢？过去不等于未来，今年发大水不等于明年也发大水。留得青山在，不怕没柴烧。庄稼绝产，人不能绝望，庄家不收可以明年再种。

你的信念就是吸引力的工厂，你每天的各种信念，生产出因为这种信念而产生的产品。信念真的可以让你无中生有、以小博大，比如说你没有钱创业，但你拥有坚定的信念，有一天也许突然出现了一个人来到你的面前，他说愿意帮你投资 100 万元。当你有坚定的信念的时候，你会发现整个世界都在为你让路。

大家都知道跳水冠军郭晶晶，她一直想拿到世界冠军，尤其是奥运比赛的冠军。可是，她前面有个非常顶尖的高手叫伏明霞，一直都是伏明霞夺冠，她只能屈居第二。一直都是伏明霞拿冠军，她只能默默地盯着那个奖杯，但是她的信念不死，坚持到底。由于她全力以赴并且坚持不懈地努力，最终获得了她梦寐以求的奥运会冠军。

电影《叶问》中，叶问跟那个世界拳击冠军对打，最后还是信念的力量让他爬了起来，打败了对手。我无法用语言形容信念有多大的力量。信念的力量让一个即将放弃你的人重新燃起希望。信念的力量让你的家庭改变，事业改变，创造传奇。你没有吸引到你要的东西，根本在于你的信念不够。你的信念创造了你的世界。如果你的内心拥有一个成功的信念，这种内在的驱动力会促使你以一种高标准的姿态要求自己，进而获得成功。

美国最具影响力的哲学家梭罗说："如果一个人充满自信地朝着梦想的方向前进，以破釜沉舟的勇气争取他梦想的生活，成功就会在他意想不到的时候突然降临。"一个没有信念的人，命中注定要平庸过一生；而一个坚持自己信念的人，永远也不会被困难吓倒。信念的力量是惊人的，它可以让我们摆脱困境，最终达成目标。

1920年，美国田纳西州一个小镇上，有个小姑娘出生了。她的妈妈只给她取了个小名，叫小芳。小芳渐渐懂事后，发现自己与其他的孩子不一样：她没有爸爸，她是私生子。人们明显地歧视她，小伙伴们都不跟她玩。她虽然是无辜的，但世俗却是残酷的。

上学后，歧视并未减少，老师和同学仍以那种冰冷、鄙夷的眼光看她：这是一个没有父亲的孩子，没有教养的孩子，一个不好的家庭的孽种。于是，她变得越来越懦弱，开始封闭自我，逃避现实，不与人接触。小芳最害怕的事情就是与妈妈一起到镇上的集市。她总能感到人们在背后指指戳戳，窃窃私语：“就是她，那个没有父亲、没有教养的孩子！”

小芳13岁那年，镇上来了一个牧师，从此她的一生便改变了。小芳听大人说，这个牧师非常好。她非常羡慕别的孩子一到礼拜天，便跟着自己的双亲，手牵手地走进教堂。她曾经多少次躲在远处，看着镇上的人们兴高采烈地从教堂里出来。她只能通过教堂庄严神圣的钟声和人们面部的神情，想象教堂里是什么样子，以及里面发生的一切。

有一天，她终于鼓起勇气，待人们走进教堂后，偷偷溜进去，躲在后排倾听——牧师正在演讲：

“过去不等于未来。过去成功了，并不代表未来还会成功；过去失败了，也不代表未来就要失败。因为过去的成功和失败，只是代表过去，未来是靠现在决定的。现在干什么，选择什么，就决定了未来是什么！失败的人不要气馁，成功的人不要骄傲。成功失败都不是最终的结果，它只是人生过程的一个事件。因此，这个世界上不会有永恒成功的人，也不会有永远失败的人！”

小芳被深深地震撼了，她感到一股暖流冲击着她冷漠、孤寂的心灵。但她马上提醒自己：得赶快离开了，趁同学们、大人们未发现自己，马上离开。

第一次听过后，就有了第二次、第三次、第四次、第五次冒险……但每次小芳都是偷听几句话就快速消失掉。因为她懦弱、胆怯、自卑，她认为自己没有资格进教堂，她和常人不一样。

终于有一次，小芳听得入了迷，忘记了时间，直到教堂的钟声敲响才猛然惊醒，但已经来不及了。率先离开的人们堵住了她迅速出逃的去路，她只得低头尾随人群，慢慢移动。突然，一只手搭在她的肩上，她惊慌地顺着这只手臂望上去，正是牧师。“你是谁家的孩子?”牧师温和地问道。

这句话是她十多年来最害怕听到的。它仿佛是一只通红的烙铁，直刺小芳的心上。

人们停止了走动，几百双惊愕的眼睛一齐注视着小芳，教堂里静得连根针掉在地上都听得见。

小芳完全惊呆了，她不知所措，眼里含着泪水。这个时候，牧师脸上浮现出慈祥的笑容，说：“噢……知道了，我知道你是谁家的孩子……你是上帝的孩子。”

然后，牧师抚摸着小芳的头发说：“这里所有的人和你一样，都是上帝的孩子！过去不等于未来——不论你过去怎样不幸，这都不重要。重要的是你对未来必须充满希望。现在就做决定，做你想做的人。孩子，人生最重要的不是你从哪里来，而是你要到哪里去，只要你对未来保持希望，你现在就会充满力量。不论你过去怎样，那都已经过去了。只要你调整自己的心态，明确目标，乐观积极地去行动，那么成功就是你的！”

牧师话音刚落，教堂里顿时爆发热烈的掌声——没有人说一句话，掌声就是理解，是歉意，是承认，是欢迎！整整13年了，压抑心灵的陈年冰封，被“博爱”瞬间融化了……小芳终于抑制不住，眼泪夺眶而出。

从此，小芳变了……在40岁那年，小芳当选了田纳西州州长，之后，弃政从商，成为世界500家最大企业之一的公司总裁，成为全球赫赫有名的成功人物。67岁时，她出版了自己的回忆录《攀越巅峰》。在书的扉页上，她写下了这句话：过去不等于未来！

2. 自信是成功的第一秘诀

无论我们现在处于什么状况，一定要相信自己是最棒的，这样你才会有自信。只有拥有自信，你才会成功。不要把自己当作鼠，否则肯定被猫吃掉！生命对所有人都是平等的，只是看你对它的态度。如果你充满自信，那么快乐将会伴随你一生。但是，如果你充满悲伤，那么你伤心的事一定比快乐的事来得多。

有一位女歌手，第一次登台演出，内心十分紧张。想到自己马上就要上场，面对上千名观众，她的手心直冒汗：“要是在舞台上一紧张，忘了歌词怎么办？”她越想心跳得越快，甚至产生了打退堂鼓的念头。

就在这时，一位前辈笑着走过来，随手将一个纸卷塞到她的手里，轻声说道：“这里面写着你要唱的歌词，如果你在台上忘了词，就打开来看。”

她握着这张纸条，像握着一根救命的稻草，匆匆上了台。也许有那个纸卷握在手心，她的心里踏实了许多。她在台上发挥得相当好，完全没有失常。

她高兴地走下舞台，向那位前辈致谢。前辈却笑着说：“是你自己战胜了自己，找回了自信。其实，我给你的，是一张白纸，上面根本没有写什么歌词！”

她展开手心里的纸卷，果然上面什么也没写。她感到惊讶，自己凭着握住一张白纸，竟顺利地渡过了难关，获得了演出的成功！

“你握住的这张白纸，并不是一张白纸，而是你的自信啊！”前辈说。

歌手拜谢了前辈。在以后的人生路上，她就是凭着握住的这份自信，在自己的演唱生涯取得了很好的成绩。

拥有了自信，一双脚就能踏尽大漠沙海，一双手就能雕绘出莫高窟的金碧辉煌；有了自信，脚下就能飘起“丝绸之路”，身后就会有“丝路花语”；有了自信，葛洲坝就能“截断巫山云雨”，“神州号”亦能遨游于神秘天宇。

美国的爱默森曾经说过：“自信是成功的第一秘诀。”它是激励自己奋发进取的一种心理素质，是以高昂的斗志、充沛的干劲迎接生活挑战的一种乐观情绪，更是战胜自己、告别自卑、摆脱烦恼的一剂灵丹妙药。

李白发出了“仰天大笑出门去，我辈岂是蓬蒿人”的浩叹，自信“天生我材必有用，千金散尽还复来”，最终成为一代诗仙。

毛泽东写下了“自信人生二百年，会当击水三千里”“数风流人物，还看今朝”的豪言壮语，最终他克服重重困难，成为一代伟人。而所有的成功，都来源于他的自信。

一次，我去拜访一位公司主管。在他的办公室，看到两幅漫画：一幅满脸都是笑，眉毛、眼睛、鼻子、嘴都向上，弯弯的像月牙，从上面往下掉的金元宝都接住了，一个也没掉在地上；另一幅则满脸都是气，眉毛、眼睛、鼻子、嘴都朝下，一撇一捺，像斗笠，从上面往下掉的金元宝都落在了地上，一个也没接住。我看后，忍不住笑了。

“你不是总问我成功的秘诀吗？如果有的话，这就是。”主管微笑着说。

我看着这两幅画，有些疑惑：“就这个？”

“对，就这个。我每天早晨走进办公室，每当我遇到难题的时候，我都会看着它。它告诉我任何时候都要选择快乐，拥有自信！”

“可有些事情是痛苦的，你怎么选择快乐，怎样从中获得自信?”

主管又给我讲了一个故事：有个年轻人，家在郊区农村，每天到城里来上学。可是他高中毕业后没有考上大学，别人都以为他会垂头丧气，没想到他却高高兴兴地回家，搞起了科学养鸡，不到两年就致富了。

他用自己赚的钱，给家里盖了三间大瓦房。按照当地习俗，盖房上顶梁时要放鞭炮请客。上梁那天，街坊邻居都来了，杀猪宰羊放鞭炮，十分热闹。就在大家兴高采烈地喝酒吃饭的时候，只听“轰”的一声，梁塌了！砸得满地尘土。

大家都愣住了，不知说什么好。这时，就听有人“哇”地一声哭了起来，这位年轻人一看，是他姐姐。他就说：“哭什么？你哭它就立起来了?”说着，他端起酒杯，对众人说：“来，大叔大婶们，咱们接着喝！梁倒了，再上一次！正好咱们街坊邻居又多了一次喝酒的机会！后天中午还请大家再来!”

后来这件事不知怎么传到一位公司经理那儿，他们公司新开发了一个项目，正在招人，可是销售经理一直没有找到合适的人选。他听说后，就找到那位年轻人，说服他加盟自己的公司。

当时公司的其他负责人都不同意，认为那位年轻人没有学历，没有经验，不能胜任这项工作。可是这位经理听了却说：“那没关系。因为我们不是用他20天，而是准备用他20年。所以你们说的这些，他会有时间学会的。可是，他这种乐观自信的性格，却不是别人可以花时间学会的。我看中的正是这一点。”这位经理力排众议，起用了那位年轻人。

“那么后来呢？那位年轻人怎么样了？”我不断地追问。

“后来，那位年轻人果然不负所望，用了不到一年的时间，就开发占领了整个东北市场，三年后，产品遍及全国并出口到国外。后来，他成了这家公司的主管，现在，他就坐在你面前。那个年轻人就是我。”

我惊诧地看着他，又转身看看墙上的那两幅画，领悟到了他的意思：有快乐，才会自信，才能飞得更高。

在这个世界上，有人生活在贫困里，自卑而羞涩；有人却靠自己的双手创造财富，为自己搭起一座城堡。有人在失败的阴影中徘徊，有人却擦干泪水重新起程，坚信明天会是更美好的一天。有人在别人的质疑声中摇摆不定，有人却自信依旧地走自己的路。如果我们把人简单地分成两类的话，我们相信最好的标准就是“自信”和“不自信”。

一般来说，缺乏自信心，就很难客观地肯定自己。尤其是遇到挫折后，最容易发现自己的缺陷，如知识贫乏、能力不强、笨嘴拙舌。这种时候，缺乏自信心的人会自然而然地把这些缺陷当成包袱背起来，老是压在心头，最终连自己的优点和长处也看不到了。而且，做事缺乏自信的人，往往不能够对发生的事情做出正确的判断，以至于影响事情的结局。

但凡成功的人，无不拥有自信，灰心丧气的人永远都不会成功！想干一番事业的人，最重要的是要自信。连自己都不相信自己，如何干事业？大千世界，百家百行，要想在竞争激烈的行当中站稳脚跟，除了靠智慧外，最重要的就是自信！

很多销售者一次次地遭遇客户的拒绝，心生恐惧。从此他们放弃了努力，最终缴械投降。从此心灰意懒，一蹶不振。看了上面的故事，希望能够给大家以启示，“过去不等于未来!”过去没有成功不代表未来不行，遇到了挫折进行必要的分析和总结，为什么我会失败，而有的朋友却成功了，这里一定有原因：是不是采取的方法有问题。

3. 战胜逆境，才能实现梦想

执着于过去是痛苦的，过去不等于未来，但痛苦是必然的，快乐是偶然的。假如你的痛苦是一瓶硫酸，如果你是一盆水，你将痛不欲生；如果你是一池水，痛苦的气息仍将弥漫在你的周围；如果你是江海，你就可以立刻将痛苦化为无形。尝试把痛苦的心态换成经历的心态——经历是人生的财富，接受过去发生的人和事，翻过这一页，人生因经历而丰富多彩。

痛苦是前进路上的这样一种投资，它伴随着希望，沉淀成为价值。今天吃的是草，明天挤出的是牛奶。不幸是天才的晋身之阶，信徒的洗礼之水，能人的无价之宝，弱者的无底深渊。任何事件的发生都是弱者的坟墓，强者的盛宴。弱者在困境面前自轻自贱，强者则越挫越勇。失败中存在着宝藏，或更大利益的种子。每当失败降临，你不退缩，拼尽全力去克服，你就会发现自己的能力又获得增长。

著名的成功学家斯考沃茨博士，曾做过一项深度调研。在调查中他发现，无论是出身高贵的富家子弟，还是生活贫苦的平民百姓，尽管他们有着截然不同的经历，也做着千差万别的工作，但是在赚钱养家以及赢得成功方面，他们有着共同的特点：那些最终成功的人，往往都是怀抱坚定信念的人；而那些平庸无奇或者虚掷生命的人，有的根本就没有过任何想法，绝大部分人曾经有过信仰，但在面对现实的时候，常常因此放弃了自己的信念，最后断送了自己的希望，遗憾的是他们从没有想到过一个理念——过去不等于未来。

阿济·泰勒·摩尔顿的母亲是个聋哑人，这使摩尔顿不知道自己的父亲是谁，更不知道父亲是否还存活于世间。他从小和母亲相依为命，过着清贫的生活，长大后他做的第一份工作是在棉花田里锄地。他每天早出晚归地在棉花田里不停地干活，但是尽管如此，他从没自暴自弃过。因为在他的内心深处一直有一个强烈的信念，他要改变生活现状，让母亲过上好日子。为此，他拼命地工作，努力地挣钱，而正是他一步一个台阶认真工作的努力，使他登上了美国财政部长的位置。

当上美国财政部部长后，一次，他去南卡罗来纳州的一个学院做演讲，他告诉学生们：一个人能否获得成功，不取决于运气、环境，也不取决于生下来的状况。因为，情况不如意，我们可以想办法改变。在改变这种不幸的境况时，你只需明确地告诉自己：我希望情况变成什么样？然后不停地以此作为信念，全身心地投入，采取行动，朝理想的目标前进。

力克·胡哲生于澳洲，天生没有四肢，医学不能解释他残障的原因，但更不可思议的是：骑马、打鼓、游泳、足球，他样样皆能，在他看来没有难成的事。他拥有两个大学学位，是企业总监，更于2005年获得“杰出澳洲青年奖”。他为人乐观幽默、坚毅不屈，热爱鼓励身边的人，年仅25岁，他已去过世界多个国家，接触逾百万人，激励和启发他们的人生。

究竟是什么动力让力克·胡哲在困境中仍能看见希望、热爱生命、绽放人生之光辉？因为有信念，他最终战胜逆境，实现梦想，成为了有影响力的人！

生物学家做过一个实验：把盆栽的玫瑰搬进屋里一扇密封的窗户前，如果任其自然干枯，之前那些无翅的蚜虫就会饿死。没想到的是面对死亡，这些蚜虫竟然长出了翅膀，离开曾经赖以繁衍生息的干枯的玫瑰，飞向窗户并顺着玻璃向上爬。它们深深地懂得避免死亡的唯一办法是放下曾经紧紧抓住不放的救世主的大腿，去接受新生的事物。对我们的启示：要么放弃我们不再需要的东西，要么拒绝接受我们所需要的东西。如果我们紧紧抓住已有的不放，就不可能得到我们现在所欠缺的。如果我们一直跳不出痛苦的过去，就不会有崭新的未来。

阻碍我们获得成功的一个衡量标准是过去曾经的失败，这些失败让我们刻骨铭心，一朝被蛇咬十年怕井绳。其实如果环境变了、背景变了，结果就不会跟过去一样。很多人还会在心里对自己说“我办不到、我不能、我不行、我不知道该怎么做、没有人教我、我不够聪明”诸如此类的话。

这些想法是从哪里来的？对大多数人来说，它来自早期的孩童时代的教育。我们的父母、爷爷、奶奶以及其他成人，不管他们是否意识到这一点，总是对我们说：“不，不，宝贝儿，你干不了这个。让我来帮你做。也许明天你可以试试看。”

我们把这个场景带到了成年时代，接着由于工作上的失误和其他“失败”，对它给予了强化。发表《进化论》的达尔文当年放弃行医时，遭到父亲的斥责：“你放着正经事不干，整天只管打猎、捉耗子，将来怎么办？”后来达尔文在自传里透露：“小时候，所有的老师和长辈都认为我资质平庸，我与聪明是沾不上边的。”

罗丹的父亲曾抱怨自己有个白痴儿子。在众人眼中，他也是个前途无“亮”的学生，艺术学院考了三次还是考不上。

爱因斯坦4岁才会说话，7岁才会认字，老师给他的评语是：“反应迟钝，满脑子不切实际的幻想。”他曾被迫退学，在申请进入瑞士联邦学院时也被拒绝。而他死后，许多科学家都在研究他的大脑与常人的不同之处。

丘吉尔小学六年级时曾经留级，他的前半生也充满失败和挫折，直到62岁才当上首相。

瓦特小时候经常遭到祖母的斥责。“我从来没有见过像你这样的孩子!”他的祖母说:“多念点书，这样你以后才可能有出息。我看你有一小时一个字也没念了吧。你看看你这些时间都在干什么?把茶壶盖拿走又盖上，盖上又拿走干什么?用茶盘压住蒸汽，还加上碗，忙忙碌碌，浪费时间玩这些东西，你不觉得羞耻吗?”幸亏这位老夫人的劝说失败了，全世界都从她的失败中获得了巨大的收益。

伽利略曾被送去学医，但当他被迫学习解剖学和针灸学的时候，他还藏着有关欧几里得几何学和阿基米德数学的书，利用空余时间偷偷地研究复杂的数学问题。在他18岁的时候，他就从比萨教堂的大钟的摆动中发现了钟摆原理。

舟舟，智商只有30，每天跟着乐团大提琴手，去排练厅打打下手。排练开始，他就安静地坐在边上，安静地听音乐对他来说是种享受。正式演出时，他在侧幕比画着，想象那是他的乐团。演出成功他很高兴，好像那也是他的成功。一天到晚不在家，心里只有排练厅。他是排练厅的常客，大家都喜欢他。

有一天，指挥跟舟舟开玩笑，让舟舟指挥。指挥突然发现他的天才之处，发现他指挥思路准确、清晰、乐感强。指挥好像让舟舟变成另外一个人，虽然他不识乐谱，却在听到音乐瞬间准确地画出美丽的弧度，在中国艺术大舞台、美国国家剧院、美国卡耐基音乐厅引起轰动。前国家主席江泽民听他演出，演出结束亲自上台和他握手。舟舟的成功在于他将自己的天才聚焦在一个点上，不鸣则已，一鸣惊人。

每个人只要找到自己的天才之处都会有不可思议的未来，比如，丁俊晖的天才之处是打斯诺克，如果让他去打篮球会如何？姚明的天才之处是打篮球，如果让他去举重会如何？只要我们找对了自己的天才之弦，都会创造辉煌的人生。

4. 铲除消极、负面、限制性信念

列一张清单，写出你觉得也许会限制你发展的任何念头。你可以邀请两三位也希望加速自己成长的朋友集体讨论，把你从小从父母、监护人、老师、教练那里听来的这类话都列出来，它们可能至今都限制着你的发展。

（1）我不想做

懒散、懈怠是心灵的毒药。上帝是公平的，至少在成功的机会方面。只不过积极主动者抓住了它们，消极怠惰者则与它们擦肩而过。

（2）我尽力了

唯有尽力还不够，还需竭尽全力。前者只是一种问心无愧的行为，而后者则是一种追求拼力甚至拼命去做的行为。竭尽全力状态下，激情被调动，潜能被激发，必胜的斗志被彰显。

（3）这不可能

我们现在对自我评判的信念往往就支配了自己的未来。如果我们相信未来会更好，未来就会过着美妙的日子；如果我们自我设限，转瞬之间那些限制就在眼前。所以，如果我们相信梦想成真是可能的，它就必会如你所愿。

（4）这太难了

我们每个人都拥有改善自我处境的能力。但是，最重要的是，你要向自己证明，你拥有下决心去做某件事情的素质。惧怕与懦弱是使你的意志消沉的麻醉剂，它们与你的意志做着顽固的斗争。

例如，一个失恋的忧郁症患者每天满脑子都在想：为什么女生不喜欢我呢？不够高、不够帅、没有钱、没学历、家里没背景、不够自信、不强壮、没魅力、没有未来……再想下去就自杀了。

问句改变之后，一切答案都不一样了！如何让超级美女疯狂地爱上我呢？有钱、有才华、有目标、有自信、有魅力、要浪漫、要勇敢……既然答案就在问题里，问对问题是关键。问错问题会毁了你的一生。遗憾的是大部分人都问：为什么我那么笨？为什么我那么倒霉？为什么我做不到？为什么我那么不自信？为什么我那么穷？为什么我不漂亮？为什么我的命那么苦？为什么我身体这么虚弱？为什么我自制力那么差？为什么我总是半途而废？为什么我没有明确的目标？为什么我总是没有毅力？

内心对话和外部交流的目的都是让你朝着想去的地方前进，所以你要不断替换掉任何限制你达成目标的变换信念，把它们换成鼓励性的想法，帮助你更靠近目标。

我的消极、限制性信念是什么？它限制我的地方是哪些？

一旦你创造出新的信念，表明转变的宣言，你需要在至少 30 天以内，每天连续若干次重复它。你在一天当中应该随时问自己的一个重要问题就是：“为了有这种感觉，我应该相信什么？”或者“为了能够得到我现在所想要的东西，我需要相信什么？”

过去不等于未来！每个人都有选择自己生活方式的权利，我们现在完全可以选择一种积极的崭新的生活方式，我们可以选择自尊、自信、自爱、自强，我们下定决心与过去彻底一刀两断！请大声重复一百遍：过去不等于未来！从现在开始我选择自尊、自信、自爱、自强。

生物学家发现跳蚤是全世界跳得最高的动物，它能跳到比自己身高 200 倍的高度，但是把它放在一米高的盒子里，盖上玻璃罩。一拍玻璃罩，跳蚤就撞到玻璃罩上，不断降低高度，再拍，跳蚤不断撞到玻璃罩上。最后撤去玻璃罩，发现跳蚤变爬蚤了，直到死去。

为什么跳蚤变爬蚤？理由很简单：它在连续碰壁后，已经主观地给自己设了限制。它相信过去曾经碰过壁，这是高压线，它没有想到高压线已经拆除。很多销售人业绩之所以平庸，是因为他人为地给自己设定了上限，致使业绩徘徊不前，混点底薪过日子，直到被开除，再找下一家养他的企业。

在美国纽约的一个贫民区里，有这样一个家庭，母亲是赌鬼，平日以偷盗为生，父亲是酒鬼，并且吸毒，常常打骂家人。他们有一对双胞胎男孩，长大以后，哥哥也像他们父母一样，偷盗吸毒无所不为。可想而知，伴随他的就是一生中大半时光在监狱中度过。而弟弟则不同，是美国一家大企业的核心高管，事业成功，并且有一个美满的家庭。

美联社记者很好奇，就分别去采访这对兄弟，先在监狱里采访哥哥，问道："你为什么沦落到这个地步？"哥哥叹气道："谁叫我有这样的家庭！谁叫我有这样的爸爸妈妈呢？"记者去采访弟弟："你为什么会有这样的成就呢？"没想到弟弟的回答跟哥哥一模一样："谁叫我有这样的家庭！谁叫我有这样的爸爸妈妈呢？"

可见，决定每个人成就的，不是外在的环境机会，而是内在的信念。事情本身并不重要，重要的是你对事情的看法。因为过去我出生于这样一个坏的家庭，所以我的未来也是悲惨的，怀有这种想法，就会像故事里的哥哥那样很平庸很失败地活着。而正因为出生在这样一个坏的家庭，所以我必须改变，过去不等于未来，我的命运可以与父母不同，带着这种想法就会像故事中的弟弟那样很有成就。

很多人自我纠结、自作多情，常常心生恐惧，自我设限，让自己迈不开脚步。他们常常在内心中反复纠结，大脑中苦苦思考，但遗憾的是他们纠结或思考的东西根本不存在。最终这些不存在的主观臆断毁了他们的行动力，毁了他们对梦想的追求，从而成为消沉失意的人。其实，那根绳索或那个圈儿根本就是自己凭空捏造出来的。

自我设限就像那个没有口的玻璃容器中的跳蚤不敢再跳，因为过去的失败定式。自我设限就好比一个销售者在敲老板的门时浮想联翩，揣测对方会不会说正忙、会不会说没时间、会不会被骂、会不会说让自己滚、会不会老板心情不好、会不会……这些想法让他裹足不前、步履沉重。现在我们需要的是推翻这些压在我们身上的大山，砸断我们身上有形或无形的锁链。只有心灵解放，我们才真正自由。

5. 战胜恐惧的良方

害怕什么就去做什么，战胜自己胜过战胜别人。不要惧怕挫折，任何一个人只要能以勇敢面对的心态面对生活，主动出击、迎接挑战，都会成为生活中的强者。每个人的恐惧来自两方面：害怕失去爱、害怕自己做得不够好。克服恐惧最好的办法——内心充满爱和感恩！

恐惧感来自我们的内心，恐惧感来自我们的假定，但假定往往不等于真实。

人们处理资讯的方式分为两种，即意识、潜意识。处于有意识状态，借由思考来判断，意识思考的部分，也就是做判断的部分。相反地，潜意识好比电脑，它不会判断亦无法推理，所有进入潜意识的东西，都会被我们认为是真的。

人们需要具备三样法宝，才能得到自己想要的东西。这三样法宝就是自我控制、工具及行动。这三样法宝就是成功的关键。自我控制就是控制心中杂音，不受思绪与意识的干扰。相反地，我们要敞开心胸进行程式设定，以求心想事成。有些人认为只要保持乐观，就能够心想事成，一味乐观也可能会重复错误。自我控制就是能够掌控自己的内心并进行程式设定，在一瞬间改变过去的习惯，以便得到我们想要的东西。

销售时所用的工具包括正面反应、制约陈述、直接联想、反面联想、无关联想、指令着床等。在从事销售行为时，说服的能力来自沟通的能力。一旦懂得驾驭自己的内心，就能够不畏惧地采取行动。

接下来就是采取行动的能力。销售者必须通过说明让客户想要买你的东西。“别人之所以会说‘不’，都是由于恐惧感在作祟。”这是唯一的理由。假如你能够让对方知道，其实没什么好害怕的，他们的答案就会变成“好”。

无论过去发生了什么，都和将来没有关系。世界上所有的物体都是能量和磁场的结果。如果心情好，就吸引好的东西；心情糟，就吸引糟糕的东西。如果说出消极的话，就会吸引更多消极的东西。

沮丧来自失落的心情，失落来自消极的心态。沮丧的根本是你很容易受外界环境影响，如果凡事都能正面积极地对待，我们就会迎来内心的阳光，从而不受外界人或事的影响，不会浪费生命与纠结的时光。内心的纠结还来自恐惧，担心自己做得不够好，担心别人这样或那样的看法，最后我们的生命能量就遗失殆尽。

懦夫会死上1000次，但英雄只会死一次，那就是他离开这个世界的时候。对于一个拼搏的人来说，从来没有恐惧可言。对于懦夫来说，它时刻都活在死亡的威胁中。当你能够坦然面对死亡时，世界上就没有恐惧可言。一个人连死都不怕，还有什么可怕的吗？

不管昨天发生什么，都与今天无关。不为昨日的不幸叹息，否则连今天也会失去；不为昨日的羁绊束缚，今天是崭新生命的开始。

人生的品质取决于你拆除自身多少有形或无形的枷锁，不为过去的失败所羁绊，拔掉心中的烂苹果，激活身体中已经关闭的开关，一定可以重新开创美好的未来。

第二章　一切皆有可能

每个梦想都有其实现的可能性，哪怕只有1%的希望，只要我们付出100%的努力，生命中所有的可能性都可能成为成功的必然性。对于那些看似不可能的事情，只要主动出击，加倍付出，也可能石破天惊、创造奇迹。

超级信念四：世上无事不可为

1. 创造不可思议的奇迹

每个梦想都有其实现的可能性，哪怕只有1%的希望，只要我们付出100%的努力，生命中所有的可能性都可能成为成功的必然性。对于那些看似不可能的事情，只要主动出击，加倍付出，也可能石破天惊、创造奇迹。

作为销售人，必须给自己灌输“世上无事不可为、一切皆有可能”的信念。凡事做最好的努力，做最坏的准备。只有相信世上无事不可为，才会激发自己发挥优势、开发潜能，创造不可思议的奇迹。

任何奇迹都是人创造出来的，别人行我为什么不行。很多人不相信自己，总是用凹透镜小看自己，卓越的成功者都是放大自己的梦想创造别人眼中的不可能。微软公司年销售额达 15 亿美元的销售代表比比皆是，华为有许多销售代表的年销售额超 5 亿元，北京大地广告公司总经理曾创下一单 1.5 亿元的销售业绩，而很多的销售人一年只能混点底薪，差距在于不相信自己，认为自己过去不够好，所以未来也不够好。而卓越者从来不信邪，他们相信自己一定可以一鸣惊人，创造不可思议的奇迹。

2. 杜绝说“不可能”

新加坡常年高温多雨，平均气温 24 ~ 27℃，天气炎热。1972 年，新加坡旅游局给李光耀总理呈上一份报告，大意是：新加坡不像埃及有举世闻名的金字塔，不像中国有雄伟磅礴的长城，不像日本有令人流连的富士山……我们除了一年四季直射的阳光，实在没有什么名胜景点可供观赏的，想发展旅游业，不太可能。

李光耀看完这份报告后，非常气愤，在报告上批了一句话：

你希望让上帝给我们多少东西？阳光，阳光就够了！之后新加坡利用一年四季直射的阳光，结合当地的气候条件，种花植树，迅速发展成为世界上著名的花园城市。如今“非常新加坡，非常周末”旅游计划已经吸引全世界人前去观光，旅游业也得到空前发展。

未经任何思考就直接下论断的旅游局长今天面对新加坡旅游业的蓬勃发展，不知作何感想，看来不能轻易说“不可能”三个字。

每年年底销售团队设定目标时，不管目标定得高低，都会有人认为目标定得太高，说不可能完成。实际上这种不可能的心态来自他的内心，或者来自他的习惯，不管你说什么，他都会说“不可能”，这种不可能的心态扼杀了无数的可能性。不去尝试，不去想各种措施，直接冒出一句——不可能，这是对整个团队士气的一种沉重打击。所以必须杜绝说“不可能”。

很多团队设立乐捐箱，遇到说“不可能”的人，立即黄牌警告，并且向乐捐箱捐款 1 元，所以慢慢地他就不再说“不可能”三个字。团队的正能量得到加强。

只要开始，永远不晚；只要用心，就有可能。人生没有不可能，只有提前放弃。在卓越的销售冠军身上，有一种神奇的能力，他们留意任何情况中的可能性，并找出有利因素，从而积极主动地作出相应的努力与改变。不管他们的处境如何，总相信事有可为，任何事情的发生，都会对自己有益。

3. 成功需要始终如一的品质

我们都应该拓展对自我的认定，不要让贴在身上的标签成为个人发展的限制，而是应积极地发挥自己的优势。凡是在现有认定基础上所加上去的，我们要有实现的决心，并且相信它们都会成为事实。

获得巨大成就的卓越的销售冠军几乎都有一种神奇的力量，他们能够集合众人的力量，但是，他们从来没有刻意地去追随这种力量，而是让这种力量追随自己，而且他们知道需要依靠自己的力量改变身边的事物。

要记住，若心存无力感，便会成为没有能力的人。改变人生的第一步就是消除这种无力感。若非全身心投入，就不会有恒久的成功，成功大多需要具有始终如一的品质。你必须在自己的骨子里刻下深深的烙印：无休止地朝着一个目标前行，这就是成功的秘诀。不管你所处的环境有多么恶劣，担子有多么沉重，请相信一点：你绝对有能力扭转。当晓得主宰我们思想、感受及行为的因素是什么的时候，只要拿出持续一致的方法，“改变”就不是一件困难的事。

于行博士点拨

世上无事不可为，一切皆有可能。这种信念是销售战士手中的“核武器”，必将摧枯拉朽，所向披靡。

超级信念五：一切美好向我涌来

1. 容易被忽略的强大力量——吸引力

两个人同时向窗外看去，一个看到的是泥泞的道路，另一个看到的是满天的星斗。面对同样的世界，注意的焦点不同，内心感受就完全不同。

为什么有人欢喜有人忧伤？为什么有人富贵有人贫穷？为什么有人永远摆脱不了恐惧和焦虑的纠缠，而有人却始终能够对生活满怀自信？

为什么有人功成名就，而另外一些人却终生落魄？为什么有人能说会道备受欢迎，而另外一些人却言辞乏味受人唾弃？为什么有人在专业领域堪称权威，而另外一些人始终无一技之长？

为什么身为非洲后裔的奥巴马能一飞冲天成为美国的首位黑人总统？

为什么两位都有过从大学退学经历的比尔·盖茨、乔布斯能成为全球瞩目的商界巨星？

为什么从小智商就不是很高的爱因斯坦、爱迪生后来能成为科学界的泰斗？

为什么电影《功夫熊猫》中男主角——那只笨笨的肥胖而可爱的熊猫阿宝能超越它的师兄们而成为武林高手？

就在你触手可及的地方，有一处宝藏，里面可谓应有尽有。只要你肯睁开心灵的双眼，去发掘灵魂深处的宝藏，便可尽情享用那渴望已久的荣耀、快乐和富足。但是，许多人都被遮蔽了双眼，看不到自身蕴藏的财富。

一块磁铁甚至可以吸附 12 倍于自身重量的物体，而一旦磁性消失，却连一根羽毛也吸附不了。同样的道理，这个世界上有两种人：一种人充满磁性，他们对人生满怀信心，坚信自己生来就是要赢得胜利和辉煌的；而另一种人则毫无磁性，他们的内心充满了恐惧和怀疑，当机会来临时，他们总是担心万一失败了怎么办？亏钱不说，还会让人笑话。这种人在生活的道路上不会走得太远，他们害怕前行，所以总是原地踏步。

如果有人问，什么是最神奇的奥秘，你会怎么回答？黑洞？星际旅行？还是原子裂变与核武器？不，都不是。那么到底什么样的奥秘才堪称“最神奇”呢？我们又去哪里寻找它呢？我们怎样才能参透它，从而释放它的无穷能量呢？答案非常简单：那是一种很容易被人们忽略的强大力量——吸引力。

美国著名作家朗达·拜恩说：“振动频率相同的东西会互相吸引并引起共鸣。”我们的意念、思想都是有能量的，脑电波是有频率的，它们的振动会影响其他的东西。大脑就是这个世界上最强的“磁铁”，会发散出比任何东西都还要强的吸力，对整个宇宙发出呼唤，把和你的思维振动频率相同的东西吸过来。

2. 我们注意什么，就吸引什么

注意力就像摄像机的镜头，教室里发生很多事情，有人在发短信，有人在抓痒，有人在交头接耳，有人在弄头发，但是那个摄像机的镜头没有拍他，而是一直在拍台上的老师。当你的注意力停留在你老婆或是老公身上缺点的时候，很可能就产生负面的想法：我怎么会娶这样的老婆或是嫁给这样的老公？我跟这样的人生活在一起还有什么意思？我们所有的人之所以结婚就是把注意力都放在爱人的优点上了，这样我们才会拥有美好的生活。两个人之所以离婚就是看不到对方好的一面，只注意对方的缺点，是不好的注意力在控制他或她的思想。

你的注意力就像电视机的控制器，当你调到一个频道，你的注意力接收到的全是这个频道的图像，而其他频道的图像你一点也收不到。要注意的是你的摄像机的镜头要对准好的方面，对准好的方面就会吸引好的事情，对准坏的方面就会吸引坏的事情，比如你生日聚会邀请了很多朋友来玩，在饭店里，大家吃喝玩乐，你的注意力就像这台摄像机，一直看到开心的面孔，大家一起切着蛋糕，开开心心，这个生日宴会真是太美好了！可是把注意力放在不好的事情上，例如，有人喝醉了在满口说胡话，有人不小心把酒瓶打碎了，满地全是玻璃碴，还有人喝多了竟然在哭，同样的生日宴会，你却会认为这是多么乱七八糟的聚会啊。对于同一场生日聚会，你的情绪完全受注意力掌控。

你的注意力永远在放大事情的真相。当我们看一篇文章的时候，只要我们发现里面有一两个错别字，就会对这篇文章的印象大打折扣。你茶余饭后拿起一张报纸的时候，你首先关注的是那些发生火灾、车祸等令我们震惊的信息，为什么？因为我们的习惯是首先关注负面的信息，而且还会把真相放大。好事不出门，坏事传千里。你的名声会因为犯一次错误而需要花终生的时间去弥补，有时却还无济于事。我们注意什么，就吸引什么。控制注意力就等于控制吸引力。

近两年，媒体的注意力基本上在食品安全上，这方面的报道内容越多，越让老百姓感觉现在吃什么都不安全了。从心理学的角度来说，这对我们的身体健康其实也是不利的。如果媒体换个角度，开设一个食品信誉品牌光荣榜，那么老百姓的关注点就在好的方面，老百姓就会买得开心吃得舒坦。

3. 聚焦的力量

从大学生到研究生，再到博士，学生所学的知识面会越来越窄。只有聚焦，你才能研究得更深。如今世界上最知名的苹果公司从生产手机开始，到目前为止，只出了三款手机，但手机销售额远远超过诺基亚、摩托罗拉、三星这些老牌的手机厂商，我想这就是聚焦的力量。

谈到聚焦，CCTV《对话》栏目最近采访了一家世界500强企业——博世集团。博世集团堪称汽车配件厂商中的全球巨头。博世集团董事长菲润巴赫在接受采访时说，博世在汽车零部件行业里面，有着125年的行业聚焦，它的这种聚焦，跟客户之间的关系牢靠，使得它赢得了很多客户。博世的一举一动主宰着整个产业的发展，汽车行业当中有很多的第一项发明都是博世提供的。博世集团平均每年将7%的销售额用于研发。例如2007年，博世集团在研发方面的投放增加了9个百分点，达到了36亿欧元之多。他领导下的博世如今年销售收入超过500亿欧元，员工30多万，在世界500强企业中排名第119位，并且在全球高端制造业企业中名列前茅。这就是我们所看到的聚焦的力量！

我个人聚焦研究“自我激励之道”课程十年，课程价格从最初的几百元到现在的几万元，来上我课的学员现在是越来越多，我想是学员在为我的聚焦式课程埋单。当你成为那个焦点时，你就锁定了别人的注意力，也等于锁定了你的未来。三百六十行，行行出状元。你选择哪一行，你就聚焦哪一行，聚焦代表你的坚毅，所有有利于你的资源、人际关系等终将被你吸引而来。

一旦确定这个地方有水源，就要坚持不懈地挖下去，随便更改自己挖井的地方，水源将离你越来越遥远。电影《阿凡达》专注拍摄了很多年，所以才成为轰动全球的大片！你不能因为行业的暂时萎缩而放弃拼搏，你不能因为暂时缺少金钱而放弃追求心仪的对象，你更不能因为满足于现状而放弃你内心那一直刺痛你的梦想!

去寻找聚焦给你带来的快乐，去享受聚焦给你带来的成果，去发现聚焦给你带来的灵感，你会感觉生命变得更加美好原来是因为你学会了聚焦。

4. 不同的环境吸引不同的结果

你想成为一个富有磁性的人吗？只要你能够领悟它，并将之运用在今后的人生当中，很快你就会获得难以胜数的成就。

为什么有人总是不断地吸引美好的事情，而有的人则祸不单行。有一点可以肯定的是，卓越的销售冠军不会发出任何消极的信号，他们只会发出积极的指令。

政府要创造好的投资环境吸引老板，老板要营造好的职场环境吸引人才。不同的环境吸引不同的结果。上海在20世纪80年代的时候，城市发展还比较落后。而在那个时候别的省、市，像广东省、深圳市却一路发展起来了，到处都是乡镇企业，GDP（国内生产总值）在一路上扬。直到上海开发浦东的时候，上海的环境开始变得不一样了。上海浦东整个投资环境发生了翻天覆地的变化，上海凭借其得天独厚的地理优势迅速发展成为可以与日本东京、美国纽约相媲美的现代化大都市。世博会选择在上海召开，完全可以说是当之无愧。专家预言不用30年上海就可以齐平香港，甚至超过香港。大环境一旦产生了变化，就会吸引全世界的外资企业前来投资，可见，环境的吸引力真的是影响很大。

为什么高档的写字楼里都是一些名企在办公？像世界著名的IBM公司就选择在全北京最好的“盘古大观”写字楼里面办公，很显然，一流的环境才能吸引一流的人才。你的公司如果想入流，选择办公地点显得很重要。北京很多的老板谈生意都喜欢约在北京最好的酒店里，为什么？是因为那里环境实在太好了，去那里谈生意，十谈九成，所以这些老板喜欢去那里。这就是环境的神奇魔力！

喜马拉雅山的山脚下有一个国家叫不丹，就是香港著名影星梁朝伟和刘嘉玲结婚的地方。据说不丹这个国家有个这样的规定：每一年只允许6000位外籍人士入境，超过6000人就不再办理签证了，据说为的是保护环境。人们有这样一种心理——越是去不了的地方越是想去，所以很多人都神往那个国家，哪怕是呼吸一下那里的新鲜空气也好。

为什么得道高僧都会选择远离城市的高山或深谷当中去修行，因为那里的环境比较僻静，宁静以致远，特别适合修行。为什么成功人士都喜欢独栋别墅？因为独栋别墅下接地面，上接天空，能让你拥有一个小宇宙般的环境，所以有钱人喜欢买。风水专家解释说：“因为环境好，磁场就好，钱就被吸引得多。”

我们不妨来假设一下，你买的房子如果是比较高档的社区，环境幽雅，你房子左边住的是某著名企业家，右边住的是某知名学者，楼上面住的是某部委高官，楼下面住的是某大明星，你每天坐电梯所遇到的都是些超级亿万富翁，你随便跟邻居谈一下都可能会出现大单子，那该多好。

古话“千金买宅，万金买邻”讲的就是这个道理。千金买的是房子，万金买的是环境和人际关系。看来买房子不如买环境，难怪依山傍水的地方越来越少了，这些地方原来早被房地产商提前买下来了。好的环境直接融化人心，融化人的思想。

我们的环境已经到了必须高度重视的地步，我们已经透支了子孙后代的环境，有个笑话说现在城市里的人吃的东西都有毒。有一天，一个人一不小心被动物园溜出来的眼镜蛇咬了一口，结果人没死，蛇先死了。为什么蛇先死了呢？因为人身上的毒素含量比蛇还要高。我们现在吃的东西含有各种添加剂等，而且属于转基因的食品也越来越多，我们身边的环境现在真的让人有种岌岌可危的感觉。

人的思想具有一种强烈的倾向性，会吸收周围环境的信息，并且让身体做出最能适应环境的反应。环境会对思想造成影响，让思想与之同化。思想就好像是变色龙，能够改变自身的颜色来适应环境。只有意志最坚定的人才能抵御周围环境的影响。

环境大事，你我有责。身边的环境就是我们的生命的一部分，我们要用生命来捍卫自己居住的小环境和大环境，更要像爱护自己的眼睛一样去爱护环境。

5. 我是宇宙中最大的磁铁

我们的身体就是一块磁铁，大磁铁总是吸引小磁铁，也就是说在这个世界上越有磁力的人总是吸引那些小磁力的人。我们越相信它，它的磁力就越强。

大家知道磁铁会吸引铁钉，它对木材、铜、橡胶或者其他任何不含钢铁的物质都没有吸引力，因为磁铁只能把和它内部构造有联系的物体吸引过来。如果我们拿出一根铁钉放在手中，当我们松手的时候，铁钉会被磁铁吸引过去。

财富像磁铁，往那里一摆，只要是金属体，管你是图钉、别针还是大头针，都统统地吸上来，层层叠叠，直至磁力所不及。生命当中所有的经历都是吸引力运作的结果，生命当中一切的旅程、一切的经历、一切的感受、一切的体会其实都是吸引力运作的结果。

在你的生命中，你会发现时常会跟一些人擦肩而过，而与另一些人交叉在一起，甚至会跟一个人结婚共同生活在一起，为什么？全球约有70亿人口，依照数学的概率，人和人相遇的概率只有一千万分之一而已，人和人共事的概率更小，只有一点五亿分之一，人和人结婚的概率则少之又少，只有六点五亿分之一。为什么你会嫁给你现在的先生？为什么你会娶你现在的夫人？所有这些神奇的经历都说明了你的生活中有吸引力法则的存在。我们可以这么来理解：不论你的注意力、能量集中于哪个方面，也不论这种注意力和能量是消极的还是积极的，你都在吸引着自己的生活。

世界上著名的汽车销售冠军乔·吉拉德分享的成功秘诀就是让顾客喜欢他，为了博得顾客的喜欢，他会去做一些在别人看来非常微不足道的事情。比如，每一个节日他都会给他的 1.3 万名顾客，每人送去一张问候的卡片，卡片的内容会伴随节日的变化而变化，且在他所寄出的每张卡片的封面上还会写上永远不变的同一句话：我喜欢你。用吉拉德的话来说，我寄出卡片的最终目的只是想告诉人们我喜欢他们。

吉拉德正是借助于这种方式，平均每一个工作日都会卖掉五辆车，使自己每年的收入都超过 20 万美元，创下连续 12 年销售第一名的纪录，他还因此被吉尼斯世界纪录称之为“世界上最了不起的卖车人”。吉拉德吸引我的不是他的销售业绩，而是他的演说。84 岁的老人还能在全球巡回演讲，他的精心准备、要求严格、全心投入吸引了很多的听众，每次听他演讲的人都逾千人。

孟子也有言：“爱人者，人恒爱之；敬人者，人恒敬之。”的确，在人际关系中，如果你能够时时刻刻对别人表示出关心和爱护，那么别人对你也会有同样的举动。如果你能够首先做到喜欢别人，那么别人还会不喜欢你吗？

《圣经》中说：“你希望他人如何待你，你就应该如何待人。”这个道理说来简单，但做到真不容易。事实上也正是如此，只有你表现出喜欢对方，对方才能同样地喜欢你，进而愿意为你做事情。例如你想让你的小儿子帮你拿垃圾桶，不要直接告诉他做什么，你可以说：“宝贝，你是个听话的孩子，妈妈非常爱你，你也一定爱妈妈吧！那么爱妈妈的表现之一就要帮助妈妈做事情对吗？”就在小儿子高兴地回答“是”的时候，你的垃圾桶就会很快到手了。

于行博士点拨

将心比心，以心换心，方可与他人推心置腹、心心相印。一般而言，决定一个人是否喜欢自己的主导因素，便是他是否喜欢自己的那颗真挚的心。生活中人们经常会有这样的体会：当自己想得到别人的喜欢，而那个人也喜欢自己时，自己对那个人的喜欢会更多一些。

超级信念六：没有人能想象我的未来是多么辉煌

1. 世界上最伟大的力量是想象力

每个人从一出生开始就是“世界冠军”。你具有成为最伟大胜利者的一切潜质和能力。爱因斯坦说：“世界上最伟大的力量是想象力。”只要你愿意想象你的未来多么美好，你将可以超越前人。不论你现在多么成功，你能力的发挥都达不到潜能的1/10，每个人都可以创造不可思议的奇迹，没有人能想象你的未来是多么辉煌。

约翰·库提斯生于澳大利亚，天生双腿自然残废，17岁因同学用小刀将他毫无知觉的腿切得血肉模糊，伤口感染，被迫截去下半身。他的事迹在世界范围内广为流传，他曾经来到中国北京作演讲，被中国人所熟知而感动。他现在是世界上公认的国际超级激励大师。

中学毕业，约翰开始进入社会寻找工作。无数次被拒绝之后，他被一位杂货铺老板收留，后来又做过销售员、技术工人。一次偶然的演讲改变了约翰的一生。在一次午餐会上，约翰应邀对自己的经历作一个简单介绍。他的痛苦经历和艰难现状感动了在场的所有人。很多人听后热泪盈眶，一个女士甚至跑到台上告诉约翰，她非常不幸，正准备自杀，但听了他的演讲以后，她觉得那些不幸都不算什么了。这使约翰突然意识到，讲出自己挣扎生存的经历可以给别人以启迪，让别人拥有更积极的心态，感觉更快乐。从此，约翰踏上了职业激励大师的路途。

1999年，上天再次捉弄了约翰。他被查出患有睾丸癌，切除两个睾丸后，医生又一次无情地告诉他，癌细胞已经扩散，他只有12~24个月的生命了。约翰不愿坐以待毙，一年里，他查阅各种资料，四处寻求好的建议，俨然成为一名癌症专家。2005年5月，医生惊奇地发现，约翰还是那么健康。

2000年6月，约翰结婚了。他的太太里恩是一位金发碧眼的美人，并带来了一个儿子——6岁的克莱顿。克莱顿从小疾病缠身，患有自闭症、肌肉萎缩症、大脑内膜破损、心肌功能萎缩等。类似的经历，使得约翰和儿子有了更多心灵共鸣和共同语言。对于儿子，约翰一直坚信："我儿子一定能成为最棒的人物！"

约翰·库提斯天生下肢瘫痪并做了截肢手术，然而却取得一系列让正常人惊叹的成就：夺得澳大利亚残疾网球冠军，成为澳大利亚板球队荣誉队员，一直坚持不用轮椅而用“手”走路、考取了驾照……

约翰形容自己“每一天都是一场战斗”：他刚生下来时，医生对他的父母断言他活不过一周；过了一周，医生又说他活不过一个月；过了一个月，医生又说他活不过一年；然而父母并没有放弃，只是更加悉心地照料他。周围有不少小孩骂他是“怪物”，10 岁那年被一群同班的小学生绑起来扔进点燃了的垃圾桶，差点送命，后来幸好被一位女老师发现并冒死救了出来；更有一些同学恶作剧，在他的课桌周围撒满图钉。生活中的遭遇曾让他一度想自杀，后被父母劝阻。

母亲对他说：“你是世上最可爱的孩子，是爸爸妈妈的荣耀。”父亲告诉他：“人是为责任而活着，即使身体上有残缺，也可以创造一番事业。”

在父母爱的力量的鼓舞下，他以超人的毅力生活、学习。虽然他被确诊患有癌症，但他始终以积极的心态面对人生，面对那些在成长过程中歧视、敌视他的人……他每天都像战士一样，时刻鼓励自己坚持下去。

他认为，生活中的冠军远比体育中的冠军重要。真正的富有不是银行里存折上数字的多少，而是身体的健康、家庭的幸福。一个人必须给自己设立目标，并朝着目标不断向前，不要自暴自弃，不要被眼前的困难所吓倒，在还没有采取行动之前，不要对自己说“不可能”。

正常人总把现有的一切想得理所当然，不珍惜手中所有，却追逐自己所无。约翰·库提斯提醒我们：在抱怨自己掉头发或发型不好看的时候，到医院看看因癌症而接受化疗的人，这些患者在接受化疗时头发都掉光了，相比之下自己不应该觉得很幸运吗？谁总说自己的鞋子不好看或不合适？那么是否愿意和我交换一下！生活并非理所当然，应该知足常乐。

约翰·库提斯的口头禅是："我一定能行。"就是因为这种信念，他不坐轮椅，坚持用手走路。为了能够走远路，他还学会使用溜冰板，坚持参加体育运动并取得许多人认为不可能的成绩。

谁是你生命中最强的敌手？人的惰性其实才是我们每天所要殚精竭虑对付的对手。对于约翰·库提斯来说，如果懒惰，无异于接受死亡。

今天的约翰·库提斯，已经成为了国际著名激励演讲家。他的格言是"我一定能行"，他无视艰苦阻难，很多正常人没有去做的事情，他已经先一步做了。约翰·库提斯作为一名职业教育家和富有灵感的演讲师，曾经在澳大利亚对25万人和世界上超过十万人的企业及社团演讲。

他的人生格言是：

无论你认为自己多么的不幸，在这个世界上永远有比你更不幸的人！

无论你认为自己多么的成功，在这个世界上永远有比你更强大的人！

我2010年7月到杭州体育馆听了一场约翰·库提斯的演讲课，现场有 4000 人。当库提斯出场的时候，全场所有的人都震惊了，看着他用双手走路，他极具幽默的肢体动作仿佛告诉全场每一位观众“我是全世界最幸运的人!”当我看到库提斯的表现，一个 41 岁的男人居然能够忍受 40 多年来上帝对他的所有的不公，但在他看来，这是上帝给他的最好的礼物和恩赐。我没有任何理由对自己说这不可能，那不可能，他用生命给我演绎了一段不可能成就的生命奇迹，我也要利用上天赐给我的一切能力、资源去创造不可思议的成就。我坚信我自己已经悟到了他所传递的精髓，我只要持续采取行动，奇迹已经在不远的地方等待着我了。

最宝贵的财富不在别处，就在我们的头脑和心灵之中。如果你学会了使用这股无所不能的想象力的神奇力量，你的人生将会与众不同。无论你的想法是好是坏，潜意识都会不加选择地开始执行。如果这条定律在负面的方向发挥作用，那么它就会带来失败、屈辱和痛苦；如果这条定律往正面的方向发挥作用，那么它就会带来健康、成功和财富。

切实地感受到了健康的心灵和身体，就一定能够在现实中体验到这份美好。因为你内心当中请求的事情都会化为现实。如果想要健康、宁静和富有，那么尽快开始祈祷和相信吧！你的心灵就是下达命令的将军，而现实只不过是听命于你心灵的士兵罢了。

成功最重要的不是技巧，而是渴望。从起跑的那一刻起，便要透视全局。一个精彩的人生必须要先有剧本，剧本便是你的目标。孙正义说：“起初所拥有的，只是梦想和毫无根据的自信，但一切都从这里开始。”无论你要做什么，完成什么目标，都要在大脑中有栩栩如生的画面。

世界第一畅销书作家马克·汉森有一个价值百万美元的口令——啊，这是多么美好的一天啊，充满着热情、财富、效益、感恩、爱、力量！

要想做好事情，首先必须调整心情。通过这个简单的口令，可以随时随地专心而有精神。这个口令就是：力量！力量！我们可以站起来伸伸懒腰，把声音喊出来。身体弯到右边，喊出来；身体弯到左边，喊出来；脚甩一甩，在原地小跑步，膝盖抬高，继续跑。脚抬高，手举起来，把声音喊出来。再一次，力量！力量！假如你们知道这样做动作，喊力量、力量，可以让你年入百万元，找到理想中的伴侣，变得更健康、快乐而有魅力，那你愿意连续做30分钟吗？做以上动作一方面可以锻炼身体，让自己充满能量；另一方面会对自己形成暗示，相信一切美好即将降临。

爱因斯坦说：“世界上最伟大的力量是想象力。”发挥想象力就要学会使用右脑，右脑用来记忆一切事物都是用画面的，不是记录文字的。其实右脑能够综合味觉、听觉、视觉、触觉和味觉等各方面的信息，当你看到别人打架的时候，你也会下意识地闪躲，这就是右脑在起作用了。右脑是画面的载体，而且可以组合你没有看到过的东西，比如会飞的猪。把好的画面放大、变亮，好的感受就会加强了。

把你的经历放入录影机，然后播放，一直看，看最好的画面忽然停止，然后放大，从电视的大小放大到电影的大小，然后变大、变亮，去感受自己当时的感觉，想象这个画面用手抓住，感觉全在手里，握紧在手里，你去感觉后，然后再看第二个画面，抓进来。然后，让我们开始想象 5 个画面，然后一个一个地抓到左手，右手抓住全宇宙的力量，最后两者结合在一起，放到自己的胸膛，宇宙力量就全部在你体内了。

比如我的目标是成为上市公司董事局主席，我经常在脑中想象这样的画面：我的公司即将上市，我和我的团队在纳斯达克总部敲钟，我站在最前排中间的位置，戴着嘉宾花、气宇轩昂、踌躇满志，我做了精彩的演讲，台下响起几十次掌声，全场股民起立鼓掌，股票上市第一天就出现涨停……

卓越的成功者懂得发挥想象的力量，他们善用右脑的力量，左脑是批判的，右脑是接受的。从现在起你要持续不断地在大脑中想象自己无比成功的画面，没有人能想象你的未来是多么辉煌！让这些画面出现在你的想象中，有一天，很可能梦想成真。

美国民权运动领袖马丁·路德·金的演讲《我有一个梦想》是对未来充满希冀的典范，他讲道：

我有一个梦想，有一天，在佐治亚的红色山丘上，曾经的奴隶的儿子和曾经的奴隶主的儿子，可以并肩坐在桌旁，如同兄弟……

我梦想有一天，我的四个小孩会生活在这样一个国家，他们所受到的评价不是基于他们皮肤的颜色，而是他们品性的内涵……

怀着这样的信念，我们能够一起工作、一起祈祷、一起奋斗、一起坐牢、一起为自由挺身而出，知道我们终将有一天会自由……

2. 下一个奇迹是我

我住在海边的别墅里，有私人直升机划过天际。我还有自己的游艇，可以与朋友们一起出海畅游。

如果你想象的画面是黑白的，那就不可能有彩色的人生。改变就在一瞬间，请建立积极的方程式。我们现在的结果都是过去的经验、过去的想法、过去头脑中的画面生成的，所以要改变自己，就先改变现在自己头脑中的画面吧。

亲爱的朋友，非常荣幸你能倾听我的诉说，愿你我同行打造生命的奇迹。让我们给自己一个全新的定义，超越自己，超越他人，唤醒心中沉睡的巨人，为自己、家族、家乡、民族、国家努力学习、顽强拼搏、自强不息，让有缘的你我成为影响世界的国际双雄。

2015 年，我将成为下一个奇迹！我是月入百万元的企业家、上市公司董事局主席、世界首席超级演说家、行业销售冠军、百万畅销书作家。

亲爱的朋友，你有一个 20 年的梦想吗？

我没有忘记我出生的贫困农村，3 岁时我得了小肠换气，爸爸背着我在漆黑的夜里穿过泥泞的土路去县城就医。手术后由于失血过多家里又没有钱买血，爸爸果断伸出胳膊给我输血，竟然晕倒过去。我没有忘记冬天没有手套双手冻裂十几个口子靠烧棉花灰止痛，没钱买作业本就用上坟用的黄纸、没有钱买雨伞就顶着麻袋去十几里外的公社上学，晚上放学衣服已变干，因我们是外姓人邻居夹篱笆墙都会夹到我家院里来，稍加理论老李家揭竿而起，村里分粮我们家总是少之又少，因为大队管理员在斗上刮了又刮，因为父亲是民办教师，一半是农民一半是教师。

没有钱的日子总是那么刻骨铭心，读高中时爸爸走了50千米的土路送来一袋子饼，我把它放在床底下，饼长毛了便把毛去掉继续吃，我没有忘记毕业后为了多赚点钱，走村串户地推销洋黄历卖油画被一群狗咬得乱跑连鞋子都跑掉的狼狈样子。我没有忘记刚辞职下海与人合租吃盐水煮面条、住铁皮房的日子。

我无数次地问自己：为什么我的命运比别人差？我的路到底在何方？我来到这个世界到底是为什么？有一天我终于醒悟：我是我命运的主人！我是一切的根源！我拥有一切的可能！所有一切都是为我成功磨砺飞翔的翅膀，因为“天将降大任于斯人也，必先苦其心志，劳其筋骨，饿其体肤，空乏其身！”

我懂得用知识改变命运！我懂得向宇宙发出订单！我懂得吸引力法则！我懂得送人玫瑰手有余香！我懂得帮助别人就是帮助自己！

人们不会因为知道而改变，只会因为触动而改变！人生能走多远取决于自己与谁同行。浪费别人的时间是图财害命，浪费自己的时间是慢性自杀。我没有资格浪费生命，更没有资格歌舞升平，因为我属于整个人类，属于整个宇宙！我懂得凡事想方法绝不找借口，困难和障碍是成功的开始，即使遭到1000次拒绝，我也相信成功就在拐角处！

感恩是一切动力的源泉，我感恩我的父母，是他们给了我生命，给了我奋进的力量。我感恩兄弟，他们陪我度过贫困的童年。我感恩老师，他们传授了我知识，让我知道什么是伟大的中国精神。我感恩家人，他们给我以支持，让我知道什么是责任。

我将拥有一支2000人像狼群一样有战斗力的团队。我要找到一万种行销渠道销售于行和龙行天下的品牌。我要进入福布斯富豪榜500强，营业额超过百亿美元。我要用爱赢得100位生死之交的弟兄一起打拼并形成核心团队。我要吸引1000亿元人民币的投资，帮助家乡修路建桥。我要和马云、王石、任正非、姚明、李连杰成为最好的朋友。我的领导力将超越行业第一名，年收入超过100亿元人民币。我要在10年内走遍全球100个国家，传播中国文化和中国精神。我要在全世界30个国家拥有自己的公司。我说得到就做得到，没有人能够想象我的未来是多么辉煌！

亲爱的朋友，千万不要让别人偷走你的梦想，让我们手牵手、心连心，彻底地发挥自己的无限潜能，帮助自己家族、家乡、民族、国家走向辉煌！我的企图心超越任何人，我可以打破行业内所有的纪录！

于行博士点拨

成功取决于你问自己什么样的问题。如果你问自己的问题是鸡毛蒜皮的小事，那你的人生也不会很浩瀚。你问自己有格局有高度的问题，你将拥有大海一样广阔的人生。一个热忱的人，他的热忱来自希望。一个积极的人，他的积极来自期冀。卓越的成功者相信自己的未来不是梦，相信自己的未来无比辉煌。他们描绘自己的未来，在今日之我和未来之我之间搭设桥梁。不管今天他们的处境如何，他们都坚定地相信自己的未来。

第三章　我的行动力超过法拉利

很多人之所以没有做出成果，不是他们知道的少，而是他们行动力太差，他们制订了周详的计划，但一再拖延不去执行，计划最终变成一张废纸。很多人面对竞争激烈的市场，不敢去拼搏，而是像鸵鸟一样，在面对天敌时把自己的头藏到沙子里。

超级信念七：凡事立刻行动

1. 事业的成败取决于行动

很多人之所以没有做出成果，不是他们知道的少，而是他们行动力太差，他们制订了周详的计划，但一再拖延不去执行，计划最终变成一张废纸。很多人面对竞争激烈的市场，不敢去拼搏，而是像鸵鸟一样，在面对天敌时把自己的头藏到沙子里。

荀子曰："不积跬步，无以至千里；不积小流，无以成江海。合抱之木，生于毫末。九层之台，起于垒土。千里之行，始于足下。"不管你的梦想有多高远，不迈出步伐不可能成功。不管你的计划有多么周全，没有行动就等于海市蜃楼。不管你的桥梁设计得多么科学，不付诸实施永远只是一张废纸。不管你的客户分析多么精准，不打电话询问或上门拜访都等于纸上谈兵。

彭端淑在《为学》中写道："天下事有难易乎？为之，则难者亦易矣；不为，则易者亦难矣。"事业的成败取决于行动，做与不做有天壤之别。对于那些只会空想而没有付诸行动的人来说，天下从来就没有容易的事。

1930年，在英国一个小镇上，有一个叫玛格丽特的小姑娘。不论是在课堂、教堂，还是坐公交车，她总是坐在第一排。

玛格丽特自小就受到严格的家庭教育，父亲经常向她灌输这样的理念：无论做什么事情都要力争一流，永远做在别人前头。即使是坐公交车，你也要坐在前排。父亲从不允许她说"我不能"或者"太难了"之类的话，所有的事情都要去尝试。

玛格丽特上大学时，学校要求学5年的拉丁文，她凭借自己的坚强毅力和拼搏精神，用一年的时间就把全部课程学完，而且成绩名列前茅。她不仅在学业上出类拔萃，在体育、音乐、演讲及学校的其他活动方面也是佼佼者。她总是抓住所有机会积极参与。校长评价她说："她无疑是建校以来最优秀的学生，每件事都雄心勃勃地去尝试，每件事情都做得很出色。"

40多年后，英国乃至整个欧洲政坛出现了一颗耀眼的明星。她就是连续4年当选保守党领袖，并于1979年成为英国第一任首相，雄踞政坛11年之久，被世界政坛誉为铁娘子的玛格丽特·撒切尔夫人。

永远坐前排是一种胜利的习惯和本能，是一种精神和信仰。对于销售者来说，说走就走的行动力是制胜根本。销售者就应该具有这种抢抓机遇、积极主动的永远坐前排的精神。

2. 马上行动，绝不拖延

一个人一生的命运和他的主动性有着必然的联系。假如你主动出击，你得到的将是你想要的；假如你被动接受，你得到的将是你不想要的。一定要养成马上行动、绝不拖延的习惯。什么叫拖延？只要你内心想做却没有去做，这就叫拖延。只要你想到的，你就立刻把它化为行动。在我做销售的过程当中，就是由于我晚给一个客户打一个电话和晚到一天去拜访，造成失单而损失了好多业绩。所以我非常坚信"行动里面有黄金"这个哲理。

行动是搭建梦想和现实的桥梁，是什么人让我们的梦想无法实现？答案是拖延和借口。实现自己梦想的第一步是行动。拥有超强的行动力，迎难而上，困难在我们的行动面前就会土崩瓦解。任何愿望在思虑周详后就不要拖延，不要等到十全十美、完美无缺再去做，只要有40% ~60%的把握就要付诸实施。因为这个时候大家都在观望，等到有100%的把握，黄花菜都凉了，机会是稍纵即逝的。

一张地图无论数据多么翔实，比例多么精确，它永远不可能带着主人在地面移动半步。任何宝典、任何秘籍都不可能创造财富，只有行动才能使地图、宝典、梦想、目标具有现实意义。

罗马纳·巴纽埃洛斯是一位年轻的墨西哥姑娘，16 岁结婚，在两年当中她生了两个儿子。不久后丈夫离家出走，罗马纳只好独自支撑家庭。但是，她决心谋求一种令自己及两个儿子感到体面和自豪的生活。

她带着一块普通披巾包起全部财产，在得克萨斯州的埃尔帕索安顿下来，开始在一家洗衣店工作，一月仅赚 1 美元，但她从没忘记自己的梦想，即要在贫困的阴影中创建一种受人尊敬的生活。于是，口袋里只有 7 美元的她，带着两个儿子乘公共汽车来到洛杉矶寻求更好的发展机会。她找到什么活就做什么，拼命赚钱攒钱，直到存了 400 美元后，便和她的姨母共同买下了一家拥有一台烙饼机及一台烙小玉米饼机的店。

她与姨母共同制作的玉米饼非常成功，后来开了几家分店。不久，她的小玉米饼店铺成为全美最大的墨西哥食品批发商，拥有员工 300 多人。在生活上有了保障之后，这位勇敢的年轻妈妈便将精力转移到提高美籍墨西哥同胞的地位上。

“我们需要自己的银行。”她想。后来她便和许多朋友在东洛杉矶创建了“泛美国民银行”。这家银行主要是为美籍墨西哥人所居住的社区服务。如今，银行资产已经增长到2200多万美元。在这之前抱有消极思想的专家们告诉她：“不要做这件事。”他们说：“美籍墨西哥人不能创办自己的银行，你们没有资格创办一家银行，同时永远不会成功。”

“我行，而且一定要成功。”她平静地回答。结果她真的梦想成真了。她与伙伴们在一个小拖车里创办起自己的银行。可是，到社区销售股票时却遇到另外一个麻烦，因为人们对他们毫无信心，她向人们兜售股票时遭到拒绝。他们问道：“你怎么可能办得起银行呢?”“我们已经努力了十几年，总是失败，你知道吗？墨西哥人不是银行家呀!”

如今，罗马纳·巴纽埃洛斯取得伟大成就的故事在东洛杉矶已经传为佳话，后来她的签名出现在无数的美国货币上，她由此成为美国第34任财政部长。你能想象这一切吗？一名默默无闻的墨西哥移民却胸怀大志，后来竟成为世界上最大经济实体的财政部长。

罗马纳·巴纽埃洛斯始终不放弃自己的梦想，坚持不懈并不断地付诸行动，才取得了成功。没有行动，一切都等于零，一切都是空谈。做一个行动的巨人，不要做语言的矮子，下定决心成为一个行动力像法拉利的人。行动不一定成功，但没有行动肯定不会成功。

3. 让行动力强劲的办法

一个人不成功的原因只有一个——行动力不够强。让行动力强劲的办法：追求快乐的力量、逃离痛苦的力量。安东尼·罗宾说："任何一个人的改变，都是来自4个字——我受够了。"我的改变也正是如此：我受够了！所以我改变了！想象目标达成时快乐的画面和没有达成目标时痛苦的画面，你将做何选择？为自己列出一份"受够了"的清单。改变来源于你对现状的不满，来源于你"受够了"！而对现状的不满来源于你的眼界、你的知识面。因为如果你根本就不"知道"你可以改变，那么你也不会有"受够了"的感觉。

比如你想成为亿万富翁，关键是贵人的提携，所以你应立即行动，每个月找一位亿万富翁，选他们最喜欢的餐厅，请他们吃饭，不要错过向他们取经的机会，你可以问他们这样的问题：

（1）你怎么赚到你的第一个一百万？你花多久时间赚到这笔钱的？换成今天，要花多少时间？

（2）你是用什么方法赚到这笔钱的？这种方法可以传授吗？

（3）今天你要花多少时间，才能指导别人创造出跟你一样的成就？

（4）如果我想变成亿万富翁，你会建议我做什么？

（5）你学到的最重要的教训是什么？

（6）你希望留下什么遗产？

（7）你最重要的习惯是什么？

恐惧是一个恶魔，致使人们许多事都不敢去做。比如，不敢坚持原则，说话总是瞻前顾后，心里总是有障碍，自我设限等。当我参加了一次吞火训练后，我发现做事情的时候再也没有什么可恐惧的了。那个吞火训练是把一根铁棒缠上纱布，纱布上再倒上酒精，用打火机把它点着，火焰于是涨得很高，接着仰头将火吞入嘴里。当时看起来真的有些可怕，我怕火把自己的嘴唇和舌头烧伤，迟迟不敢把火吞入嘴里。在教练的指导下我终于将火放入了口内，我发觉也没有什么大不了的。这个世界上我们所恐惧的事情90%都不存在，我们的担忧无非是浪费时间的自我内耗而已。

我公司在黑龙江有一个拓展基地，一次带自己员工做拓展训练，有一个项目是空中断桥，需要爬到15米的高空，从一个踏板跳到另外一个踏板，想到领导力的铁律——身先足以率人，于是第一个冲上去。其实我有严重的恐高症，我站在断桥上一步也不敢走，往上看是蓝天白云，往下看心跳加速。虽然我是用安全绳牢牢地扣紧的，但我站在断桥上整整5分钟都不敢跳。最终我一咬牙跳了过去，我成功了，我终于征服了内心的恐惧感，也给员工做了好的榜样。

战胜恐惧的唯一办法就是直面恐惧并且战胜它，就这么简单。生活中的大部分事情，你越是躲着它，它就像个恶魔，时时刻刻来骚扰你。一旦你迈出第一步，恐惧就会逐渐消失。

以下是提升行动力的三个关键问句。

（1）是什么阻碍了我们——恐惧。战胜恐惧唯一的办法就是勇敢地面对它，你害怕什么你就去做什么。

（2）是什么控制并决定我的生活品质和质量——肢体动作、焦点、词汇力量。选用什么词汇对我们来说非常重要，在英盛，无论何时都要问候“早上好”，不论是白天还是黑夜。因而在英盛不存在“下午好”或“晚上好”的问候语。毕竟“早上好”可以让人精神振奋，斗志昂扬。其他两个问候都会让人觉得暖洋洋的，不思进取。这就是词汇给我们带来的力量。

（3）是什么阻挡了我们想要的一切——情绪。情绪是生命的质量，沮丧是最昂贵的浪费，低潮是最致命的伤害。能够掌控自己情绪的人是幸福的。

你可以尝试一下把头尽量往上仰，然后去想象生活中最痛苦的经历。不知各位是否能够想象得出。反过来把头一直往下低，低到不能再低了，此时去想象生活中最快乐的事情，是不太可能的。这个例子说明，人只有昂首挺胸才有可能觉得快乐，垂头丧气会让自己心情更糟糕。

情绪的掌控能力等于你成功的速度，想象中的恐惧远大于实际存在的恐惧。然而恐惧与苦难一样总是会发生的。越不害怕恐惧，则所担忧的事情越不会发生。正如人有时在什么都不顾的情况下，就会越做越顺，根本不知道还有什么恐惧的事情存在。

人的最大恐惧来自害怕失去爱和自己表现得不够好。因为恐惧让人心绪起伏不定。一个人如果对一件事情产生了负面评价，那么这个人就容易放弃这件事情。让一个人停止做某一件事情的主要原因是其恐惧大于渴望。而激励就是让人的渴望大于恐惧，以促使人可以大胆行动。

人的大脑只能装进一件事，不是我们所渴望的就是我们所恐惧的。人的生活品质来自与自己沟通的品质。

4. 没有目标就没有成功

卓越的销售者需要具备两个主要条件：第一，知道自己要的是什么，这叫作目标；第二，知道自己能够成为一个什么样的人。有很多学员说："于老师，目标很重要。"如果没有目标的话，你的能力是完全发挥不出来的。

目标分为短期目标、中期目标、长期目标、终极目标，而这些目标之间都是环环相扣的，为了实现一个20年的目标，你肯定要先实现你10年的目标、5年的目标和3年的目标。因为只有这样，你才能最终实现20年的目标。比如你现在在哈尔滨，而你希望去香港。当你确定要去香港的这个长期目标以后，你就可以选取你达到目标的途径和工具。你可以坐火车去，也可以坐飞机去，甚至可以骑自行车去。之后你会选择你的路线，如果是坐火车，那你需要非常清楚地知道要坐哪个班次的列车，然后经过第一站、第二站、第三站、第五站、第十站……最终到达香港。你的第一站代表你的一年目标，你的第三站代表你的3年目标，你的第五站代表你的 5 年目标，你的第十站代表你的 10 年目标，只有这些目标一步一步地实现，你到达香港的长期目标才能实现。

同时有几个问题需要注意。

第一，你必须知道你的目的地、你的目标。如果你不知道目的地，看到有火车就跳上去，没准你就会被带到成都去，或者被带到西藏去。

第二，在你完成你的各个阶段目标的过程中，你要保持快乐。人生是一种过程，而不仅仅是结果。如果过得不愉快，即使得到了结果，你不会快乐很久。

第三，你所设定的目标对你必须是有意义的，否则，你会半途而废。

第四，你要具备实现这个目标的能力，这就需要你不断地去提高，加强自己的能力。

当你知道了目标，清楚了自己的优势，接下来的就是你知道用什么样的方法去达成目标。想办法，学习办法，向成功人士请教方法，去达成这个目标，同时排出自己的时间计划表。怎么去达成这个目标，就这么简单。首先向专家请教，向行家请教，向成功人士学习；然后通过自己的学习找到成功的方法，或者是想出措施和办法来达成目标。

第五，评估和检讨。不断地评估检讨，不要以为设定了目标以后，有了方法，有了优势，有了机会，然后就可以达成。我们要对目标进行评估和检讨才行。国家实施三峡计划，用了多少人测量、画图、修正。在修建上海和北京的铁路的过程中，都要不断地调整战略和策略。

第六，吸引一切与你的目标有关的人、事、物来帮你达成目标。

你要明确地了解有谁可以帮你达成目标。因为想要成功单靠自己是不行的，必须有贵人相助。所以要明确地列出有谁可以帮助你达成任务、目标，然后主动去找那个人，说服他，请他帮助你。一个成功最重要的秘诀：别人要的你多给他一点，别人不要的你就少给他。所以在你列出谁可以帮助你之后，还要列出他可能需要什么帮助，你先去帮助他，你给他更多他所想的，那他自然就会反过来帮助你，这个驱动就是所谓的互惠定律。让别人觉得帮助你对他有利，这样你就有希望获得成功。

无志之人常立志，有志之人立长志。有的人只设定了目标，却回家睡觉睡到自然醒，这样是不可能成功的。如果我说要把“落地模式”做成全中国最优秀的课程，可是我又不推广，我又不感召别人来做代理，我怎样把这个推广到全中国啊？“落地模式”有战略落地、管理落地、执行落地。如果我不去做推广，模式落地就会成为一句空话，我要想把“落地模式”这堂课做大，就要马上行动。所以我今天就说服自己，主动出击，大量推广。

做事情能否成功关键看动机，其次看方法。增强行动力还有一个根本的解决方法就是设定明确长远的目标，因为没有快乐的计划，痛苦便会乘虚而入。

蜀之地，有二僧，一穷，一富。一天穷者说：“我打算去一趟南海。”富和尚说：“你依靠什么去呢?”穷和尚答：“一水瓶、一饭盒，足矣。”富和尚大笑：“别做白日梦了，怎么可能?”一年后，穷和尚从南海归来，跟众和尚讲述南海见闻，富和尚非常惭愧。

到心仪的地方去旅行，距离不是问题，时间不是问题，最重要的是迈出第一步。要成就一番事业，学历不是问题，能力不是问题，关键是付诸行动。光站在海边浮想联翩，怎么能到达大洋彼岸的异国他乡领略风情。光站在山脚下思来想去，怎能体会到立于山顶一览众山小的高度和境界。世界上最远的距离是从知道到做到的距离，也是现实和梦想的距离。有人穷其一生也无法实现自己的梦想，因为在通往梦想的那条道路上，他停下了脚步。销售是量和质的游戏，量大是所有致富的关键，行动力的高低是确保量大的最根本因素。知道不等于做到，坐而言不如起而行，知行合一是卓越销售者的共同特质。他们拥有闪电般的行动力、近乎疯狂的行动力。

无能的销售者踯躅不前、瞻前顾后、游移不定、优柔寡断，因此常常贻误战机。他们常常思前想后，力求完美无瑕，他们的骨子里写满等一等再说、不急、慢慢来之类的标签，他们的特点是拖延。

拖延能消磨人的积极性，让人懈怠，让人失去斗志，让人得过且过，失去前行的动力。如果你没有立即动手做的习惯，你的所有理想以及目标就只是空想。要实现一个理想或者计划，首先要有明确的思路。然后必须依靠持续不断地行动把它变成现实。

当我们行动起来，情况马上就不一样，自身能量马上就会不同。行动会使人由恐惧变为平静，很多人达不成目标就找各种理由来搪塞，这所有的理由就是一句话：没有资源。其实资源从来都不是问题，只要我们行动起来，想办法去整合这些资源。

于行博士点拨

销售冠军最重要的特质：野性、狼性、匪气。野性消失和脱贫心态是企业家最终走向没落的根源，致使行动力下降。优秀的销售冠军都是行动力最疯狂的人，最开始人们管他们叫疯子，后来人们尊称他们为大成者。心动不如行动，知道不如做到。三岁小孩都知道，八十老翁做不到。做行动的巨人，攀成功的巅峰。有想法只是第一步，要实现想法必须在做对的前提下，加大行动量，提升行动的成功率。没有新的行动，就没有新的生命。言必行，行必信，信必果。

超级信念八：只要我一定要做，我就一定能做到

1. 强烈的企图心带来无穷力量

成功者拥有强烈的企图心、一定要的决心。他们信奉的哲学是——如果我不能，我就一定要。只要我一定要，我就一定能。成功者把这句话根植在脑海里，变成他的血液、灵魂和行事准则。

你的大脑只装一件事情，不是你所渴望的，就是你所恐惧的。如果你不在大脑中装你所渴望的，恐惧就会乘虚而入。我们的渴望程度是我们能力的唯一限制。

强烈的企图心带给我们无穷的力量，使我们坚信想要的一定会到来，从而影响我们的行为，导致不同的结果和命运。强烈的企图心可以帮助我们攀登任何一座高峰。如果说成功分不同高度的话，对应的一定是不同程度的企图心的大小。强烈的企图心是一切发明创造的起点，是一切激情和专注的源泉。一个有强烈企图心的人比 99 个心存兴趣的人更有机会达成他的梦想。

曾国藩曾说：“盖士人读书，第一要有志，第二要有识，第三要有

恒。有志则不甘为下流，有识则知学问无尽，不敢以一得自足……有恒则断无不成之事，此三者缺一不可。”孙中山弃医从政，提出“三民主义”，推翻腐朽清朝统治；鲁迅弃医从文，用笔戳穿国民党反动的丑恶嘴脸；毛泽东16岁离开家乡，在他父亲的账本里留下“孩儿立志出乡官，学不成名誓不还，埋骨何须桑梓地，人生无处不青山”的诗句。这一切都来自强烈的企图心。

每次开课，我都会在开篇问学员：“你们这三天是不是想得到更多？是不是想学到更多？但是，我不能改变你们，因为我改变不了不愿意改变的人。”

成功需要强烈的意愿，达成任何目标也是这样，包括你想减肥、戒烟、赚钱等。当你知道自己想要什么并且下定决心的时候，整个世界将会给你让路。当你决心要达到什么目标的时候，任何的艰难险阻都无法阻挡你前进的步伐。人生没有失败，只有提前放弃。只要找对了路，就不要怕路远。

2. 决心决定成功

决心是所有成就的来源，只有下定决心，不找退路，结果才可能不一样。

决心决定成功，想要和一定要有天壤之别，“想要”只是想想而已，“一定要”就是不成功誓不罢休，不成功则成仁，背水一战，破釜沉舟。即使遇到困难，也会积极去想方法。

决心让他们的目标更清晰，目标更具挑战性，他们相信：唯有不可思议的目标才能达成不可思议的结果。他们善用世界上存在的两种力量：OPM（其他人的金钱）和OPE（其他人的经验），这比自己单打独斗更有价值。

决定产生力量，这个力量是恐怖的。意愿越强烈，改变就在一瞬间。如果你抽烟，你就有了抽烟的习惯；如果你不抽烟，你就有了不抽烟的习惯。你有自信，你就建立了自信的习惯；你没有自信，那就建立了没有自信的习惯。要养成习惯，就要有相应的态度来配合你的习惯，重复地做，就会改变你的行为，习惯就会固化你的行为。

结果由决心导致。如果你今天决定月入百万元，那你不能选择打工。因为打工的生活永远实现不了这样的目标，你的结果必须有相应合理的行为来达成。所以，如果我们的结果有问题，那就看看我们的行为、决定和思想是不是有问题。

必定成功公式：

成功＝决心×策略×行动

每个人都要清楚自己想要什么，想要什么优于做什么，重要的不是你在哪里，而是你要到哪里去。人生犹如爬梯子，在通往“是”的路上你总会碰到“不”，只要决心在，路就不会消失。人生总会遇到一个哈姆雷特式的命题：我是谁？我从哪里来？我要到哪里去？就是说一个人要成功必须明确自己的目标，目标一旦确定，就要下定决心、心无旁骛、执着前行。

3. 人类因为梦想而伟大

如果没有更上一层楼的梦想，很多豪宅是不是会成为烂尾？如果没有梦想，我们还有机会坐上汽车、火车以及飞机吗？如果没有梦想，你会无缘无故地全力以赴地奋斗吗？

马丁·路德·金说：“人类因为梦想而伟大！”伟人都因为能实现伟大的梦想而存在。梦想就像天上的云朵一样，忽然有一天就飘进了你心灵的天空，让你拥有更大的格局。我认为最好的梦想就是一辈子都在奋斗的过程中，这样的梦想最具有挑战性。

梦想等于愿望，事实上又区别于愿望。它是一种意识里的追求，也是驱动我们采取行动的源泉。它和现实之间通常都有一段难以逾越的距离。几乎每个人在年少时都有这样或那样的梦想和愿望，它们在日后的成长中如风中之烛时隐时灭。有时候我们能感觉到，有时候我们感觉不到。吸引力法则有一个重要的前提，那就是我们必须要明确想要的。梦想可以天马行空，但实现它只有一种可能性，那就是让梦想着陆，成为可实现的目标。

梦想能吸引自然的力量相助！梦想会让自己的心成为永恒的发动机！梦想可以托起所有的目标！

找到核心梦想，发现内心深处最强烈的请求，这是我们要做的首要大事。一旦找到它，宇宙就能听到我们强而有力的召唤。即使在最黑暗的时刻，胸怀这个梦想，我们仍然行走在前进的方向上，因为梦想一直守护在我们身旁。

我们强调梦想，它让我们认清内心深处不易察觉的要求，并且从意识深处回归到孩童时期，看到这一隐藏至深的奥秘，同时我们要认清梦想的浮华外表。是的，我们从万千琳琅满目的好东西中发现了它。发现梦想，我们意识到自身潜藏着无数的可能；删减、提炼梦想，我们调动理性思考拒绝外界的种种诱惑；规划、实现梦想，我们需要做的是将它向目标转化，列出翔实可行的计划，并将它付诸实施。将梦想转化成目标，有一个好处就是使想法务实可行。

在商场上没有永远的销售冠军，江山代有人才出，一代新人换旧人，你方唱罢我登场。其中能够勇立潮头的一定是具有强烈欲望、一定要的决心、不达目的誓不罢休的人。90%一事无成的人在于他的决心不够，最多只是想要，而不是不惜一切代价、排除万难一定要。一个拥有强烈企图心的人，没有什么是不能改变的，也没有什么是不能实现的。

我大学毕业分到机械厂做机械制图员，每天一张报纸半杯茶，悠哉游哉。后来，厂里产品滞销，我主动向厂长申请调到销售科。厂长不准，说出多种理由，我还是坚决要求调到销售部门。我和厂长说："产品卖不出去，我可以不要工资。"后来厂长终于答应我的请求，开始了我的销售生涯。经过努力，没想到我一个销售新手一年后的销售业绩竟然超过所有经验丰富的老销售员的业绩，成为厂销售冠军，从此改变了自己的命运。现在回想起来，我当时的一定要的决心对我以后的发展是多么重要啊。

王侯将相宁有种乎，舍我其谁，只有拥有强烈决心的商场战士才能笑傲江湖、独领风骚。一定要的决心激发了我们的斗志，激活了我们的潜能，激励了我们的信心。

广汇集团董事长孙广信刚从部队退伍时一穷二白，但他凭借要干就干第一的“一定要”的决心，闯出自己的一片天空。他认为“没有拿不下的山头，没有不敢肯的硬骨头”。他曾立下誓言：30岁当不上师长就退伍，但他两次升迁的机会都被他人顶替了。在师长梦碎后，他无奈选择了复员，毅然丢掉干部身份，投身商海。他曾经到南德集团和飞龙集团去卧底，在南德集团担任集团的办公厅主任，在飞龙集团担任行政部长。在这两个位置上，各打了7天工，该了解的他都了解了。回到公司他在领导班子会上放言：用不了5年，我们就会超过它们。今天，广汇已成为横跨石材、房地产、能源、酒店服务、汽车贸易等多个领域的巨型企业集团。

年轻时的项羽和刘邦当年看到秦始皇西游，分别发出慨叹：彼可以取而代之、大丈夫应如是。这种一定要取代秦始皇的决心后来让他们登顶，我想这也是为什么后来只有项羽和刘邦有资格争天下的原因了。

全球500强企业中联邦快递之所以能在短时间内超越美国邮政服务公司、美国包裹邮递公司、埃默里货运公司，得益于其始终坚持领先对手一步的一定要的决心。

乔·吉拉德35岁以前，贫困潦倒，做过卡车司机等多种行业都不成功。他的父亲断言他一定会成为街头流浪者中的一个。

4. 想成功就不要找任何借口

35岁时，他发誓再也不能这样活，于是找了一份卖雪佛兰汽车的工作。公司规定员工三个月没有业绩就会被开除，已经到三个月的最后一天了，他的业绩仍是0。他不想被开除，因为他的房子是租的，需要月付款，如果还不上将会被赶出来，孩子的奶粉只剩最后半袋，怎么办？他不能给自己找任何的借口，必须要在最后一天卖出一部车。从早上8点到下午5点，冰天雪地，连个人影都没有。乔·吉拉德告诉自己绝不找任何借口，天气不是原因，不管怎样必须卖出一部车子。下班时间到了，老板把乔·吉拉德叫到办公室："乔，你很努力，可是非常抱歉，你被开除了！"乔·吉拉德说："老板，只要没有过半夜12点，都算今天。我相信我一定可以卖出一部车子，我不找任何借口。"老板很感动，他耸耸肩说："好吧！"转身走了。一直等到半夜12点，还是没有人进来跟他买车。乔·吉拉德对自己说，只要天没有亮都算今天。我相信我一定可以卖出一部车子，我没有任何借口。正自言自语时，进来一个卖锅的人。两人开始交谈，这位先生这么冷的天，况且这么晚了，你还在卖锅，你真是太敬业了，我太佩服你了，可是我没有钱，但是我可以给你写一个保证书，当我有了钱一定向你买一口锅。

写完保证书，乔·吉拉德问："大哥，你每天是怎么卖锅的？"答："每天背着锅卖，卖完一个再卖下一个。"乔问："全卖完了怎么办？"答："回公司再背一些出来卖。"乔问："这样能不能做大？"答："不能。"乔说："买锅的数量是不是影响你赚钱？"答："是。"乔问："你是不是要用这种方法卖下去？"答："不要。"问："要不要继续速度很慢地卖锅？"答："不要。""那你要怎么解决这个问题呢？"这时两个人的眼光转向了乔·吉拉德卖的车。

凌晨3点，二人同时走出卖场，一个人卖了一辆车，一个人卖了一口锅。就这样乔·吉拉德在三个月的最后一天卖出他生平的第一辆汽车，后来他成为吉尼斯世界售车纪录保持者——连续14年平均每天卖6部汽车。

成功和借口永远不在一个屋檐之下，要借口就别指望会成功，要成功就不要找任何的借口。借口是我们走向成功最大的绊脚石，不搬走这块又大又丑的石头真是很麻烦，不仅要在字典里删除，还要在思想中把它彻底地扔到垃圾箱。借口让你原地踏步、不思进取，借口是你的对手派来的奸细，会随时毁掉你。

5. 改变需要强烈的欲望

我在课程现场问学员："烟瘾难戒吗？"很多人都说："非常难。"

我以前也抽烟，为什么学会抽烟，因为同学，看到了同学抽烟自己也学着抽烟了，当时我抽烟在初中一年级，很小。其实学习就是模仿的过程，看着看着就学习抽烟了。某次，父亲看到我抽烟，狠狠骂了我一顿。长大以后，自己依然抽烟，但是居然还帮着别人来戒烟，帮助300人戒烟成功。

其实自己在台上压力很大，下台后很想抽烟来放松下自己的神经，但是为什么自己抽烟却能让别人戒烟？因为自己没有强烈的意愿要戒烟。

为什么我后来会戒烟呢？自己的小孩到我的房间里面来，开始玩小车，后来居然玩香烟，他现在是2岁半，就开始玩香烟，我想绝对不能这样。为了不害我的孩子，于是乎就彻底戒烟了。改变就是一瞬间的事情，因为我有了强烈的意愿。

于行博士点拨

成功永远属于有坚定信念并且“一定要”的人。比如唐玄奘的信念——西天取经，即使遇到再多困难也不改初衷。恐惧就是消耗正能量，勇气就是聚集正能量。你恐惧的东西，事实上都不存在。我们的大脑只能装一件事情，不是你所渴望的，就是你所恐惧的！如果你不在你的大脑里面装你渴望的东西，那么恐惧就会乘虚而入。渴望程度是能力真正的限制。你的渴望到哪里，你的行动就会到哪里。

超级信念九：从出生的那一刻起，我就已经准备好了

1. 要完美地不断练习

仅靠不断地练习是不行的。要完美地不断练习才可以。就像我们打击一个石头，打击了一百次它还是原状，但是当我们打击一百零一次的时候，它可能就会分开了。

在我们行动正确的基础上，不断地努力定会达成目标。同时我们需要跟着老师、教练或者是楷模学习。使用正确的方法、正确的教练指导，再加上销售过程中完美的练习，定会实现目标。

长江商学院教授项兵谈到企业家的投入问题时指出：在中国功夫中，一指禅是一项登峰造极的绝技，一根手指蕴藏着雷霆万钧的力量，所到之处，势如破竹。而这一绝技却是从扎马步这样的基本功开始的，没有从扎马步开始一点一滴打下的根基，即使练就所谓的一指禅，也只是花拳绣腿。

意外随时会发生，要有备选计划，凡事做最详尽的计划，尽最大的

努力，做最坏的打算。做一件事，写6个计划。计划赶不上变化，变化赶不上一通电话。

2000—2006年，在祖国边陲黑龙江大庆万宝湖畔，无论冬夏，有一个人每天凌晨四五点钟都准时出现在广场上。他手里拿着有关演讲方面的书，旁若无人地大声地朗诵着，汗流浃背激情地练习着，旁若无人地背诵着。直到演练到上班时间才离开。很多晨练的或跑步的人看到这一幕，都笑笑离开。还有人嘲笑他是个疯子，很多人讥讽他是个二百五，甚至有人说他神经有问题，是不是应该送精神病院。

冬天的时候，天亮得格外晚，最冷天零下三十多度，谁也不愿意从温暖的被窝儿里起来，但他都准时出现在广场上疯狂地背着、喊着。为了不影响家人，他晚上偷偷拿着手电筒在被窝里看演讲方面的书，偷偷地用耳机听演讲录音。有一天，他睡醒了估摸着到了起床的时间，轻轻地起床来到广场练习演讲，练了很长时间天也没有亮的意思，原来他把凌晨两点看成凌晨五点了。

他陪爱人到商场买鞋，他对鞋镜演讲。他陪爱人买衣服，他对着穿衣镜演讲。最后服务员叫来保安，他被当作神经病抬出商场。他坐公共汽车，面对全车厢的人演讲，最后被公车司机请下车。他跟家人去农村串门，对着空旷的玉米地演讲，对着树林演讲，对着草原演讲，对着湖水演讲，对着大山演讲，好心村民摸摸他的头看是不是发烧了。

冰冻三尺，非一日之寒。刻苦准备、累积能量、专注如一，他的努力获得了成效。2006年在人民大会堂，他受到了全国人大副委员长布赫的亲切接见，获颁中国十大培训师，同年还出版了自己的畅销书《做最优秀的自己》。记者采访他，为什么那么拼命地练习演讲？他说："为未来做准备，通过演讲可以影响员工、股东、客户、社会方方面面，起到大量传播自己品牌和提升自身人格魅力的作用。"他2000年设定目标要三年内讲遍全国三百个地级市，影响千万企业家，通过演说，助力中国龙行天下。当他想到自己当年练习演讲的投入精神，自己都会感动得热泪盈眶，一个被自己的精神感动的人一定会有不可思议的成功。那个人就是我——本书作者。

我现在为什么可以在台上演讲三天两夜呢？以前在台上别说讲三小时，就是讲3分钟，我都觉得费劲，老觉得没话可讲。现在你让我讲上30天都没问题。这是重复带来的结果。到目前为止，我已经在全国超过300座城市讲过500人以上的大型演讲千场以上。

2. 最好的准备：时刻准备着

准备是没有用的，但准备是必需的。没有准备就去准备失败吧，最好的准备是时刻准备着。他为了他的理想而准备，他就是我，本书作者。危机无处不在，唯有准备才能让企业渡过危难赢得成功。危机并不遥远，而死亡将是永恒。为了在有限的生命里活出最大可能性的自己，我们需要持续不断地准备、准备、再准备。

在口渴之前最好把井挖好。就是说我们要为成功而计划与准备好。唯有不断学习，才能学到好的知识或好的点子，最好的就是要立即行动将其运用到现实中。知识须化为行动方能成功。当我们学习到好的知识要学会去分享，这样便会运用得更灵活。

为成功而穿着，为胜利而打扮。卓越的销售冠军懂得形象的准备。“人不可貌相，海水不可斗量。”传统教育在教导我们不要以貌取人，事实上大多数时候我们还是在以貌取人，尤其在彼此还不熟悉和了解的情况下表现甚为突出。当一个衣着穿着考究的人出现在你面前时，你的第一反应就是，这个人应该是个重要人物，非官即贵，这个人似乎值得尊敬。相反，如果出现在你面前的是一个衣衫褴褛的人，你会从其破旧的外表来判断这个人应该穷酸或是修养很差，所以不值得你去重视他。

有句俗话说得好：“人靠衣装，佛靠金装。”我们该买什么样的衣服，如何让自己穿着得体让别人对自己刮目相看呢？答案很简单：挑有价值又合体又符合身份的买，有时候也可以挑贵的买。凡是贵的东西就一定有贵的道理。大多数贵的衣服，其耐久性超过一般的衣服，因为它的品质好。

记住！你的外表会说话，它会说：你很特别！你是个很重要的人物，你必须要认真对待他。

你将自己最好的一面展现了出来，你就找到了最良好的自我感觉。如果外表使你自惭形秽，你就真的不如别人。如果它使你自觉渺小，你就真的很渺小。如果它表现了你最好的一面，那么你的行动和思想也将是最好的。

你的外表会第一时间告诉你身边的人，你的品位有多高。它显示你的身份和地位，男士服装搭配的技巧和女士的服装搭配有很多的不同之处。女士服装更多的是讲究款式和多变，而男士服装则讲究合身的款式、经典大方，男士服装，简单永远是最好的，干净利落的男士总是比较养眼和受欢迎。

个人形象是一个人出门在外的一张名片。我们生活在一个以貌取人的世界，第一印象非常重要。因为大部分人都喜欢以貌取人，尤其是第一眼，所以要注重个人的外表。这就是人性，人们天生喜欢看美丽的东西，首先是你的外表，其次是你的言谈举止、内在魅力。

大家有没有看过美国歌坛巨星 Lady Gaga（嘎嘎小姐）的演唱会视频，是不是觉得她的形象很夸张？大家有没有看过世界摇滚巨星迈克尔·杰克逊出场的形象，内裤反穿，特别醒目。客户不会给我们第二次机会建立第一印象，观众也不会再给演员第二次机会建立第一印象，形象就是第一视觉产生的吸引力。例如，你发现一个人的眼睛很亮，头发也很漂亮，皮肤也很好，你会立刻被她吸引。可见，好的形象可以在第一时间吸引对方。我们在电视节目上会经常看到明星走红地毯，个个都穿得独特且有个性。有时候她们准备了几十万元甚至上千万元的珠宝挂在脖子上，记者的闪光灯一路闪烁，她们一下子就吸引住了所有观众的眼球！这就是形象的魅力！

形象包装的产业如今都发展得很好，尤其是韩国，能对人进行深度的加工，面部可以加长一点，鼻子、胸部可以垫高一点，眼睛可以拉大一点，因此，韩国被列为全世界整容最先进的国家之一，很多中国女人都蜂拥跑去韩国整容。不为别的，只为改变自己的形象。可见，形象有多么重要，它吸引着更多人为了美远赴韩国。会穿的人会给他的形象加分，不会穿的人会给他的形象减分，女生是比较多变一些好，比如布兰妮、百变蔡依林，她们的形象都给我们留下了深刻的印象。

形象首先代表第一感觉、第一印象、第一冲击力，在什么场穿什么装，在什么场显什么象，什么象吸引什么人。像国家领导人出访他国就穿得很庄重、很正式，他们穿的正装显得很大气、庄严、稳重，简直无可挑剔。如果一个女的每天也穿件中山装，那她就显得一点女人味也没有了。女人要穿出女人味，男人要穿出阳刚之气。

一个人要为你所要成为的人而打扮自己，一个人要为你想实现的目标而打扮自己。很多人买衣服的时候有的买实惠，有的是买合体，有的是买时尚，有的是买标准，有的是买价钱，有的是买品牌，有的是买奢侈，有的是买炫耀，这么多种购买的需求是因为背后他的想法不同，思想导致他背后的行为和结果。无论你今天处在什么岗位、什么职位、什么角色、什么样的条件，如果你在财务还是独立自由的，我建议你至少要拥有三件一线品牌的服装。不要因为它贵，你就不买它，把买服装的钱当成研发费用。人家凭什么卖得贵？这值得我们去研究它们的服务、品牌、做工及流程，它们确实与众不同。你对一线品牌的拥有是你对形象的认同，为了让你的形象标准提高，它能为你的形象增光添彩，所以我们要为成功而打扮。

形象是合理投资，你一定要为自己的成功的状态、良好的心理而打扮自己，还包括你的发型、你的装饰、你的皮具、你的肤色、你的肢体动作都可以让你变得更有吸引力！我一定会吸引我最想要的形象，一定会创造最佳形象。这个形象让你更加自信，更有能量，吸引一切你要的人、你要的事、你要的资源、你要的生活。

3. 重复总会产生吸引力

成功等于将简单的事情重复做，重复总会产生吸引力。

不信你拿个铁钉，在磁铁上重复粘上100次，然后再拿这个铁钉去粘另外一个铁钉，它也能吸起另外一个铁钉。为什么呢？因为铁钉持续地被磁铁吸引，它就磁化了，所以重复犹如一种磁化的过程。

很多的学员不明白我为什么要求他们把目标写十遍，而且早晚各写十遍。你觉得这种重复有何意义？但是我告诉你的是，磨刀不是一次磨出来的，而是磨了几百下，甚至几千下，铁棒才可以磨成针，这就是重复的力量。比如水滴石穿！一滴水的力量多么柔弱啊，但是重复的力量却能创造出常人无法想象的奇迹!

重复有多么大的魔力，它已经在我和我的朋友的身上得到验证，你不用再去怀疑。你如果每天重复看你的梦想板，每天把它放到你的手机上，每天睡觉前把它放到你的镜子前、放到你的床前，天天重复，你绝对会有不可思议的收获。重复产生力量，而且这个力量还在加重，因为我们的潜意识也相信重复。

重复的关键是持续性，我们做出梦想板之后，要持续地跟它产生连接。吸引一定要连接，连接就会产生新的人生景象。

人最可怕的就是：不知道自己还有很多不知道。要让自己处于不断活动的状态，不要给自己有停止的机会。成功最关键的就是你要明白Why（为什么）和How（如何）。Why占到了80%，How占到了20%。所以我们必须先解决心态的问题。其实现在很多书籍都是在传授How，但这样的效用自然不是最理想的。

比如学销售，首先就要学习心态。乔·吉拉德的心态：别人口袋里面的钱本来就是我的，我只是拿回来而已。我起床很早，为了这个代价，别人需要付给我很多钱，成交的目的就是爱。所以有了这些信念的支持，他自然就会很容易成交了。

有人说，我不需要再学习了，我都懂了，我都会了。其实这就好比，我知道要吃饭，但是我不吃的道理是一样的。

收入是由能力来决定的，能力是由不断地学习而提高的。如果说现在的能力有人都很满足了，可以不学习了，那就只能等死了，等着世界

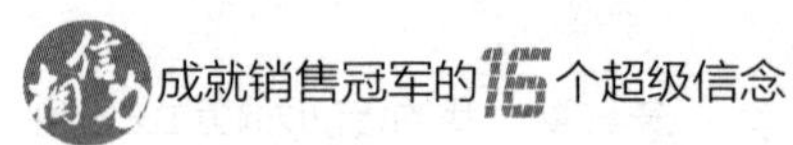

去淘汰他。这个世界在不断地快速进步，不学习最终就会面临淘汰，自己需要不断地提升。

于行博士点拨

没有准备就去等着失败吧，最好的准备——时刻准备着！在商场上要时刻练习“准备的功夫”。

第四章　成功的销售离不开说服力

要想取得非凡的业绩，必须改变自己，包括自己的说服力，并且在骨子里坚信自己是“全世界有史以来最具说服力的人”。

超级信念十：我是全世界有史以来最具说服力的人

1. 说服自己，为了影响更多的人

人和人之间只有很小差别，但偏偏是这很小差别却会导致巨大的差别。很小的差别指的是信念的坚定程度，很大的差别指的是成功和失败。重复过去的行为和信念只能得到过去的结果，如果结果跟过去一样，就是行为和信念需要改变。

昨天的现状来自前天的努力，今天的现状来自昨天的努力，明天的

与众不同来自今天的全力以赴。你的成功取决于有多少人追随你，有多少人认可你，有多少人是你的粉丝？为了变得富有，必须成为一个具有影响力的人、一个有说服力的人。为了影响更多的人，你必须了解哪些因素能对他们产生影响。

沟通就是财富。生活的品质取决于沟通，包括我们与自己的沟通，以及与外在世界的沟通。与自己沟通就是程式设定，通过自我沟通激励自己，以采取积极有效的行动。与他人沟通就叫作说服，说服他人达成我们的心愿，采取我们希望见到的行动，或同意我们所说的话。

这个世界上有一个人是最需要说服的，那个人就是你。每个人的成功都离不开激励，包括自我激励、外在激励。自我激励就是自己激励自己，自己给自己灌输正面的信念。外在的激励来自于外在的人或事对自己的激励。如果外在无法获得激励，那就自我造血、自我激励吧！

当你能够彻底说服自己时，你就进入了相信自己的境界。当你不相信自己、不相信公司、不相信老板、不相信产品时，你卖不掉任何的产品。很多人不太相信自己，对自己保持怀疑的态度，这样能做好每件事情吗？如果说你想受人欢迎，你就必须具有绝对的信心，这一点十分重要。信心使人产生勇气，假使我们对自己没有信心，世界上还有谁会对我们有信心呢？美国总统大选比的就是谁更有信心，谁更相信自己，因为没有人愿意把选票投给一个连自己都不相信的人。

第一，你曾经想过你最成功、最美好的人生是什么样的吗？

第二，一个没有任何遗憾的人生是什么样的？你有没有非常快乐、富有、幸福、骄傲、有成就感？你是否充满了爱和感恩？你的人生充满了价值和意义吗？你度过了大胆精彩且冒险的人生了吗？85 岁你是卧病在床，还是健康地到处去走？

请问你 85 岁的时候是否有朋友满天下陪你享受喜悦？

如果你 85 岁的时候还持续经营你的人生，你会不会为你的公司添购飞机？你会不会为你的杰出人才添购飞机？你会不会像李连杰那样成为慈善家？你愿意让这一切都实现不管付出多大代价，对吗？

2. 说服别人，度过一个完美的人生

我决定：我要度过一个完全没有遗憾的人生——只有顶尖的人才能作这样的决定。

（1）你要持续吸收全世界最顶尖的智慧。

（2）你要让自己保有源源不绝的能量。

（3）你必须彻底地发挥自己和团队极致的潜力。

（4）你要增加自己 100 倍的动机和执行力。

（5）你必须要珍惜你的幸运，让自己充满了爱和感恩。

（6）你必须持续保持全面性的进步。

（7）你必须要近朱者赤，跟已经拥有这样人生的大师学习。

（8）人生不是大胆冒险，就是一无所获。

请问这个世界上有没有人能帮助你拥有这样的人生？如果有人能帮助你拥有这样的人生，你会怎样感激他和报答他？你觉得你什么时候作这个决定？你觉得我过去有没有作这个决定？

（1）如何无懈可击地说服别人

我应该找谁推荐我呢？

我过去的绩效和成果是什么呢？

接受我的建议能带给你多么大的好处？

我有哪些重要的客户见证？

我有坚定的眼神、自信和百万美元的笑容吗？

我拥有无懈可击的形象吗？

我拥有非凡的服务态度吗？

我提供别人做不到的附加价值超乎你的想象吗？

（2）说服有钱人的关键

你要时刻谨记，被有钱人拒绝和被普通人拒绝是两个完全不同的概念，因此你要绞尽脑汁取得有钱人对你的信任，之所以穷是因为没有办法让有钱人信任你。

有钱人喜欢跟有知识和特殊专长的人在一起。有钱人喜欢从小事情来观察并考验一个人。如果你将小事情做好，上天就会将大事情交给你。有钱人喜欢懂得感恩、忠诚度高的人。有钱人尊敬能放下身段的人。有钱人喜欢有梦想以及有明确目标的人。有钱人喜欢量身打造，喜欢提供专属的特殊服务的人。有钱人喜欢提供意外的惊喜的人。有钱人喜欢不断地被赞美和推崇他的人。有钱人喜欢信守承诺的人。有钱人喜欢穿着有品位的人。有钱人喜欢毛遂自荐、有自信的人。有钱人喜欢不计较的人。有钱人喜欢笑容满面、有亲和力的人。有钱人喜欢速度快、有效率又积极的人。

（3）说服力问句（运用快乐和痛苦的力量）

请问你喜欢充满自信的自己还是自卑的自己？

请问你的自信多 5 倍，你未来的财富会比现在多几倍？

请问你的自信比现在多 20 倍，那你的能量会比现在多几倍？

你是想成为十亿富豪还是百亿富豪？

一个拥有热情和渴望的你会不会更希望自己到世界各地去走一走、看一看？

你会不会拒绝自己更有活力？

你认真地想过让自己变成更自信、更成功的人吗？

如果你过去就知道怎样增加自己 20 倍的自信和能量，那么你比现在成功几倍？

如果你现在知道增加你自信的秘诀，你会不会比现在更快乐？

如果你的自信增加 20 倍，能量增加 20 倍，比原来更有活力，电视台也争相报道你，你更快乐、更幸福，那么这价值多少呢？

你愿意付出多大的代价来做到这件事？如果你创造财富的速度比现在快 100 倍，那结果会如何？什么样的决定可以让你增加 20 倍的自信？

过去你不知道如何增加你的自信，如果过去你就知道你会和现在有多么不一样。如果你要学武功，你会和隔壁的邻居大爷学还是和李连杰学？

于行博士点拨

凡事唯有彻底地说服自己，才能说服其他人。当你能够说服自己的时候，你展现的就是发自内心的真我。真我是最具影响力和领袖魅力的，真我是最具杀伤力和说服力的。最后不管你推销的是产品还是思想，都会受到客户的欢迎。

如何成功说服别人死心塌地跟随你？一是重视他们的梦想和目标并帮助其实现；二是用不可思议的目标过滤人才，用人才的目标成交人才；三是发挥人才的天分，帮人才扩大格局，一起成长，摆对位置；四是输入最好的软件，提升人才的自信，网罗全宇宙最好的人才，形成核心梯队，规划未来走向；五是找到对的人和拥有强大资源的人并与他合作。

超级信念十一：没有我说服不了的顾客

1. 了解你的顾客

古人云："凡事预则立，不预则废。"《孙子兵法》有言："知彼知己，百战不殆。"机会只青睐有准备的头脑，准备越充分胜算越大。因此，销售者在做销售之前，不仅要熟悉自己产品的优势与劣势，还要熟悉客户需求、客户问题等。

日本销售之神原一平，身高只有1.54米，是寿险业界显赫的人物。他一生充满传奇，从被乡里公认的不可救药的小混混成为连续15年全国业绩第一的推销之神。经常有人问他："为什么你总能让客户心动，甚至让他们感动得留下泪水？为什么你能让客户立即作出决定选择你的产品？"原一平说："非常简单，每次销售我至少提前做20次的准备。准备什么呢？就是熟悉自己的产品，熟悉同业的对手，熟悉客户的喜好。这叫'三熟悉法则'。所以我才有这么大的能量，才有这么大的结果。"

在我刚开始做销售的时候，一次，我去拜访一位董事长，当我战战兢兢地敲开他的办公室，看到豪华办公室的大老板台后的太师椅上坐着一位油光可鉴的大背头董事长，他不知低头看什么，见我来也没抬头说："坐吧!"他也没问我从哪里来，有什么事，便再也没有说话。我坐在他的对面，不知该怎么办？突然我看到他的桌上有几期《销售与市场》杂志，我试探地跟他谈起了这本杂志，关于产品的4P（产品、价格、地点、促销）等。董事长突然抬起头，眼睛里充满了光泽，很显然他对这个话题很感兴趣，越说越高兴，他说："没想到你们这个行业里还有像你一样有文化底蕴、喜欢学习的人。"

记得那天不知谈了多长时间，不知不觉到了中午，对方还请我到他的食堂就餐，后来这个老板成为我们忠诚的客户。试想：如果我当时进屋就问董事长："我是广告公司的，你们做不做广告?"那结果会怎样？在销售过程中，一定要事先了解客户的兴趣爱好，找到与客户共同的话题，建立信赖感。所谓同流才能交流，交流才能交心，交心才能交易。

很多销售者遇到拒绝，立刻放弃。再换客户拜访，结果又被拒绝，又放弃。于是他们陷入"被拒绝—寻找新客户—再被拒绝—寻找新客户"的恶性怪圈，尽管不停地行动，但收效甚微，而这些销售者却从不反思为什么客户会拒绝，客户的需求到底是什么，客户到底要什么。没有对客户的详细调研，贸然向客户推销，没有建立信任关系，强行向客户推销，结果必然以失败告终。在和顾客沟通的过程中，不是听顾客讲什么，而是要缜密分析客户话语背后是什么意思。

客户之所以拒绝，背后一定有其深层次原因，要了解客户拒绝的潜在原因，了解客户急需解决的问题，了解客户的运营状况，运用“追求快乐、逃离痛苦”的力量，促使客户成交。也就是帮助客户分析做出购买决定有哪些好处？不购买会造成哪些损失？最好能够放大这种好处和痛苦。

以一家酒店搞培训为例：酒店经理会说，这是统一规定，会场就这些钱，无法优惠。这时你可以说，这次开会的人层次有多高，品质有多好，可以带来多少后续的消费，如果达成合作，会增加多少潜在客户，提升酒店知名度，而如果没有在你这消费，而到了竞争对手处，那会怎样？

2. 机遇只垂青有准备的头脑

在销售业务过程中，业绩的出色与平庸很大程度上取决于我们是否专业。专业带来客户的信任，专业带来客户的认可，专业让我们能够给客户最好的服务。因此，作为销售者要加强学习，专研销售知识，不断演练销售动作，让自己更加专业。我们看到很多成功的销售人员的共同点是对自己要求非常严格，严格到近乎苛刻的地步。他们一直在努力完善自己，一遍一遍地重复演练直至完美。

很多平庸的销售员没有充分准备的习惯和主动的销售态度，他们误打误撞，因此失败率非常高。也就是说，销售成功的概率是跟充分准备的程度成正比的，机遇只垂青有准备的头脑。

要成为一个出色的销售者，需要在以下几个方面下功夫：产品结构、性价比、服务、要有优势、独特的卖点、产品的差异性。客户有三个需求趋势，分别是：迷信专家、有对比、个性化解决方案。

销售者在销售时要自问：我在卖什么？谁会向我买？谁不会向我买？为什么买或不买？谁是我的强势竞争对手？我和他的优劣分别是什么？如果你能准确回答这些问题，说明你已经具备了熟悉专业的准备工作。

3. 发现客户的需求及痛苦

成交的关键是提问和反问，变句号为问号，变陈述为诱导。问题决定销售，真正有杀伤力的是问号，而不是句号。

问题之于行销犹如呼吸之于生命。如果你发问失败了，你就完了。如果你问错问题，虽然不至于马上致命，但难逃死路一条。如果你问对问题，将得到一笔生意。销售当中唯一愚蠢的问题就是不问问题。如果不去问，怎么要到结果。

（1）问对问题赚大钱

先让对方说出不可抗拒的事实，再把这个事实演变成问题，最后提出这个问题与他有关的思考。人是基于问题才会产生需求，问题就是对某些不满意的条件有多么不满意，需求是指他想要得到的某些具体的条件。问题决定需求。问题就是他的伤口，找到了，就要扩大他的问题，于是问题越大就越能激发出他更大的需求，于是你的产品正是能满足别人需求的解决方案，所以你所销售的不是产品而是某一个问题的解决方案，你是在帮助客户解决问题。

原则一：问题是需求的前身，找到顾客的问题才能刺激他的需求。

原则二：顾客是基于问题而不是基于需求才作决定的。

原则三：人不解决小问题，只解决大问题。

我们要学会倾听、分析、了解客户，然后改变他的价值观。比如说，你认为购买……是最重要的，然后确认为什么这点是最重要的。

（2）确认客户的需求及痛苦

销售初期要把自己的销售目的模糊化，把客户的想法清晰化。除此之外还有哪些是你认为特别重要的，再次确认为什么这才是最重要的。除了这两点外还有哪些是最重要的？

为什么你觉得这个对你而言这么重要呢？对于你现在所拥有的，你希望哪些地方变得更好呢？如果我一项服务可以满足你上述所有需求，价格又是你可以接受的，并且给你100%的保证，你是否渴望立刻拥有它？

（3）将痛苦扩大

成交的秘诀就是拉大加深痛苦，放大加长好处；把痛苦说透，把好处说够。动力大于代价，购买才能进行。

羊只要没有吃过鲜草，就永远不知道鲜草的滋味儿，但只要吃过一次，它就会惦记着吃第二回。找到好的感觉就不想过坏的生活。可以对客户的问题进行夸张地询问。比如说“如果该状况五年之内都不会发生变化的话，那会是一个什么样子，可以想象一下吗”。

社会中大致有以下五种类型的人。

第一种，成功型——无论做什么事都一定要追求成功。不成功宁愿死。

成功型的人追求与众不同，做事很果断，所以你不要跟成功型的人讲：“哎呀，这产品跟另一家公司的产品一样。”他痛恨一样的东西，这是稀世珍宝，只有少数人看得出来。独一无二，与众不同，王者风范，有没有听懂？卖给成功型的人产品，都要不一样的。

第二种，家庭型——做事情就是为了家人，为了家人而生存。

家庭型的人有一个特质，不喜欢改变，喜欢用过的产品，你向家庭型的人销售产品，就不能讲这是最新的产品了。“这是我们公司最新的产品”，他一定不买，因为他不喜欢改变。你跟他讲这产品跟过去一样好，继续使用好不好？他可以接受。家庭型的人重视稳定感、安全感。

第三种，社会趋向型——别人都在这么做，我也从众吧。

社会趋向型的人不会大声说话，不喜欢别人帮助他作决定。你应该讲“昨天我看你就来了，这样很好！”“像你这么聪明的人，你自己已经知道怎么决定，是不是？你也知道来上课对你有什么好处，不来对你有什么坏处，你应该有所决定，因为你比别人聪明，那这么聪明的人怎么会拖延呢？拖延不会让你更成功，你说是不是？只有行动才会更成功，是不是？所以我要你在报名表上确认一下。”

第四种，模仿型——根据偶像的情况决定自己的行为。

模仿型的人比较年轻，对于此类型的人来说最重要的是自信心，因为他缺乏信仰。对他讲，你会得到信心，不要讲成功、家庭、追求，而要讲信心，你会拥有信念，也会得到很多信心。销售关键按钮：信心。因为，你过去信心不够，所以你失去了多少业绩！现在你的信心不太够，已造成了你多大的困扰，造成你无法追求理想中的东西。假如这种状态持续20年，会怎么样？你希望自己一辈子没有自信吗？是现在改变比较好，还是10年后比较好？你希望什么时候来上课？交钱越快上课越快，是不是？交钱越慢上课越慢。所以不交钱在损失谁的利益？所以一辈子没有信心这样好不好？再给他痛苦、痛苦，伤口扩大、扩大；但不要让他彻底死掉，有没有听懂？模仿型的人，你卖他什么都可以，只要你给他增加信心，增加他个人魅力。上完这课会魅力四射，不一样，看起来容光焕发，感觉就不一样。所以顾客看到你，立即想跟你做生意，这样好不好？李嘉诚说你找生意很累，别人找你比较轻松，是不是？

第五种，生存型——活着就好啦。遇到这种人，就用7个字告诫自己——反方向拔腿就跑。

生存型的人现在处于求生存阶段，所以现在没饭吃，追求生存他需要许多东西，他可以买，但他舍不得花一分钱，建议不要向生存型的顾客销售产品，你会讲到死掉，他会听到死掉，然后你们两个会痛苦而死。

（4）在伤口上撒点盐

就是要让他感觉到伤口带给他的痛苦，要让对方痛到极点，但是要点到为止，不能撒盐把他给撒晕过去。可以通过在其伤口上撒点盐，以便观察是否触动到其伤口。目的是找感觉。切记不可多撒。

撒盐的方法是多赞扬别人。人一受到赞扬后就会自我谦虚，相应地就可以得到一大堆的抱怨。可以通过抱怨了解其痛苦。

（5）对症下药

羊拿着一把鲜草跟老虎说："尝一尝吧，多么新鲜的草。"老虎抓着一块肉跟羊说："来一块吧，多鲜美的肉。"

根据人的性格可以把人分为四种颜色：红色、蓝色、黄色、绿色。

红色——一切为了赢，追求速度感。比如可以问"你知道在多短时间内挣多少钱吗？"如此来吸引对方的关注。这类人喜欢穿着光鲜、亮丽，爱挣钱。

蓝色——喜欢人群，凑热闹。可以问：你知道这件事有多好玩吗？这类人穿着独特、有个性，有型，喜欢冒险。

黄色——喜欢帮助人，不修边幅，有使命感。可以问：你知道这件事可以帮助多少人吗？

绿色——凡事讲求证据和精准度。要征服这类人只能让其看到数据才有说服力。

其中蓝色的人是最容易改变自己的人。

（6）自我见证

营销世界里没有真相，只有客户认知。营销的八字真经：与众不同，无中生有。无中生有的四项能力：把自己变成见过大钱的人，把自己定位成见过大人物的人，把自己定位成经历过大场面的人，利用自己所创造的业绩来说服人。

你要告诉对方，通过亲身使用产品，自己的过去、现在、未来有多么巨大、多么迅速地改变。你要通过行销自己的故事进而行销产品。

（7）强而有力的大客户见证

简单地说，就是天天带着相机去见客户，在适当时候趁机拍下一组相片或是视频，以便后用。

（8）大胆开口要求

如果我们一开始只敢要求客户花较少的钱购买相应的产品，那么永远无法成交大单。如果一开始就要求成交最高级的产品，那么再不济也有可能成交次一点的产品，其功效远大于从小开始。

只要重复足够的遍数就能征服客户，再顽固的拒绝也逃不脱21把温柔的飞刀。是什么意思呢？一个人只要重复看同一个广告，21遍后他的心理防线彻底崩溃，必定要产生购买的冲动。因此你要告诉自己一定要大胆开口要求，拒绝没损失，同意就白得；张嘴三分利，不给也保本。以下是一个消费者看到电视广告后的心理变化。

不看。

注意。

意识到存在。

隐隐约约记得。

多看一眼。

唉！什么破广告？

从头到尾看一遍，心想广告要花多少钱？

又是这个讨厌的东西。

怀疑是否有人在用？

问朋友或者邻居用过没有？

商家的利润和成本的比例是否合算？

天哪！厂家要花多少钱还继续在播广告？

可能是个好东西！

看到别人在用觉得可能有价值。

自己也想要，就是买不起。

总有一天会买，并且做备忘录。

抱怨贫穷。

省吃俭用，还差一点。

发现钱已经攒够了。

老婆你快去把这个东西买了吧，我已经受不了了！

推荐亲戚朋友赶快也去买一个。

销售就是意志力的较量，是心理成熟度的比拼。有力的恢复往往产生于再坚持一下的努力之中。人永远只会拒绝卖给他商品的人，永远不会拒绝一个真心为他好的人。

销是过程，售是结果，过程支撑结果。结果是功劳，过程是苦劳，没有苦劳就不会有功劳。你种了什么样的种子就会得到什么样的果实。

一口井本身可以打 1 万吨的水，但最后只打出 100 吨的水，原因就是在此基础上没有深耕。80% 的购买决定是在第五次拒绝之后作出的，而 80% 的销售人员邀约客户未达到五次之前就放弃了。一个好处的产生要让客户感受到才行，不断地让他感受来刺激他购买的欲望。

（9）敢于要求

记住一句话：只要我要求，终究会得到。要求是成交的关键。63% 的人在结束的时候不敢要求；46% 的人在结束的时候要求一次，但是他放弃了；24% 的人敢要求两次，之后还是放弃；14% 的人要求三次之后放弃了；有 12% 的人要求四次之后放弃。须知：60% 的交易均是在第五次之后成交的。

只要他还愿意跟我说话，我就迟早把他搞定。我搞定不搞定他，看我想不想；我想不想，看他值不值。感谢那些配合我们、给我们订单的客户，因为他们在帮助我们完成指标和任务；感谢那些拒绝甚至刁难我们的客户，因为他们在帮助我们增长功力。所有的富翁都是被拒绝出来的。

客户在采购的整个过程中的绝大多数时间都是理性的，但往往在决定购买的一瞬间是感性的一面被激发。成交最大的优点是狼性，成交的本质是要求。成交就是意志力的较量，就是博弈。在成交的那一刹那间谁先开口讲话，谁就把产品带回家。

于行博士点拨

知彼知己，百战不殆。如果销售者和客户没有沟通到一块，或不同频，可想而知就会出现“鸡对鸭讲”的障碍了。一次参加高中老师孩子的结婚喜宴，没想到老师却发表了长达一小时的自己辞职到广西搞电子商务的感悟和未来大数据时代揭秘的演讲，让前来参加婚宴的人一头雾水，这可能就是场合不对吧。作为销售业务员要想和客户同频，必须充分了解客户的诸多方面，销售业务的成交来自非业务工作的缜密。只有真正地了解到客户的拒绝原因后，我们才能积极地找到解决方案，从而促成成交。

超级信念十二：没有客户的拒绝，只有自己的放弃

1. 面子不是别人给的，而是自己争取来的

销售遇到拒绝是家常便饭，拒绝是在考验我们的意志。成功的速度取决于情绪调整的速度。只有经受住客户的拒绝，我们才真正跨过成为销售冠军的第一道栏。当过分地顾虑自我，便会束缚自我。要想把产品销售给客户，必须让客户从怀疑你和你的产品到慢慢接受你的产品。面对顾客的拒绝，不能束手无策，更不能顾及面子轻易放弃。

为什么博士生、研究生做不了销售，而那些初中、高中毕业的人却常常成为销售冠军？因为那些博士生放不下面子，学历越高的人越放不下面子。面子不是说有就有的，而是在不懈努力过程中，一开始不被认可、丢下面子，经过持续的努力，逐渐被人认可，最后自己得到面子。

有多少人因为自己的面子而失去更多的票子，不要害怕丢面子，丢下面子才能得到更多的面子做销售。你要了面子，等于让客户失去了一次学习的机会，而你也等于失去了与客户合作和相互进步的机会，也失

去了客户身后更大的资源。

做好销售并没有任何的技巧和秘诀。如果说有技巧的话，便是在遭到对方拒绝的时候，能承受住拒绝的考验。放下面子、盯住不放，不断地尝试，相信每一个从自己身边走过的人都可能会成为产品的用户。销售就好像撒网捕鱼，只撒一网，补的鱼有限。要想捕获更多的鱼，最好的办法就是撒更多的网，多撒网才能多捕鱼。

美国作家海明威因为自己创作的《老人与海》获得1954年诺贝尔文学奖，其中有一段渔夫圣地亚哥的故事：

> 他是一个孤独的老人，每天驾着小船在湾流中钓鱼，至今已经84天过去了，他连一条鱼也没有逮住。刚开始，还有一个男孩跟随他。但连续40天过去了，他们一无所获，那孩子只好离开他。
>
> 第85天，老人终于钓上一条大马林鱼。上了钩的大马林鱼拼命逃窜，把它的小船在海上拖了三天三夜才精疲力竭。老人趁机鼓起力量，用鱼叉杀死了那条大马林鱼。但那条大马林鱼实在太大了，老人只好把它绑在小船的一边。让老人意想不到的是，这条死去的鱼——老人称之为“财产”——在归航中一次又一次遭到鲨鱼的袭击。
>
> 为了保护他的财产，勇敢的老人与鲨鱼进行了一次又一次的搏斗。当他杀死第一只灰鲸鲨的时候，他对自己说了一句话：人不是为失败而生的，一个人可以被毁灭，但不能被打倒。
>
> 鲨鱼们还在前赴后继地对他的“财产”发起进攻，他已经竭

尽全力，他孤立无援，他再也抵挡不住，他只得承认自己的失败。于是，他放弃了搏斗，让自己活了下来，回到阔别已久的海岸，而那条被他捕获的大马林鱼，最终只剩下一副十八英尺长的骨架。

从某种意义上讲，我们就是那个老人，当困难和问题接踵而至的时候，我们是选择抗争，还是选择绝不放弃？当客户不断地拒绝我们的时候，我们是选择躲在角落里不敢见客户，还是勇敢地战胜自己放不下的面子、懦弱、自卑和胆怯，越挫越勇呢？

2. 战胜自己放不下的面子

1988 年，我考入梦寐以求的大学，家里非常贫困，面对高昂的学费我望而却步。学费是父母拼了老面子借了几十家才凑够的，借的最少的是五元钱。我深知父母挣钱的不容易，每次父母打电话来，问钱够不够时，我都瞒着父母说：这里伙食很便宜，不需要花钱。其实当时我已到了吃了上顿没下顿的地步，有时甚至一天只吃一个馒头的地步。从来就没有什么救世主，要改变命运还得靠自己。一次我在和兴路市场看到有人在烙油饼，就批发了一些用塑料布包好。为了不被同班同学耻笑，晚自习拿到别的系宿舍楼去卖，结果还是被我们班的女生看到了，感到很没面子。后来我干脆放下面子，直接到我们班女生宿舍楼去叫卖。现在回想起来，我能做好销售这个行业，还要感谢当时我卖油饼的经历，它让我挺过了面子关。

人生有丢脸和赏脸，脸丢净了，剩下就是赏脸。人生有甜酒和苦酒，苦酒先喝净了，剩下的就是甜酒。面子不是装出来的，而是争取来的，死要面子活受罪，放下面子才能赢得面子。顾及面子，就会在销售过程中止步不前。要面子不去见客户，不会有任何的拒绝，但同时也没有业绩的出现。面子不是自己说有就有的，而是通过你很多的行动去感染别人，让人产生敬重，然后就赋予你面子。

2002 年我到新加坡、马来西亚去参加世界潜能大师安东尼·罗宾的演讲，彻底地改变了我爱面子、内向的性格，同时立志通过自己的演说，帮助更多人走出自卑、内向，迈向自信、勇敢，于是我开始练习演讲。每天清晨，我四五点钟都会准时出现在广场上大声练习演讲，有人嘲笑我是个疯子，有人说这个人是不是有病。经常有认识我的人跟我打招呼，我还有点不好意思，后来我彻底地去除了不好意思的心理，全身心地投入练习。台上一分钟，台下十年功。经过苦练，我的演讲水平有了突飞猛进的提高。2006 年在人民大会堂受到了原全国人大常委会副委员长布赫的接见，获颁当年中国十大培训师。

我做销售时，也遇到各种各样的拒绝，有挂断电话的，有冷言冷语的，有骂骂咧咧的，还有粗暴地把我撵出来的，甚至有一次还放出狼狗来咬我。当时我的心真是拔凉拔凉的呀，眼泪也流了下来。我找到洗手间，用水洗了一下脸，让自己冷静下来，我告诉自己：没有客户的拒绝，只有放不下的自我面子。在心中默念“YES！YES！YES！”当心态调整差不多的时候，再返回敲门，继续客户拜访。

胜人者力，自胜者强。放下自己才是真正的战胜自己，没有客户拒绝我们，只是我们自己对号入座、自我设限地退出竞争。很多销售人员遭到客户拒绝后，往往将失败的原因归咎于客户身上，认为客户并不需要这种产品，从而放弃另寻其他客户。

于行博士点拨

很多人“被不好意思”所困，他们死要面子活受罪，自己欺骗自己，整天活在虚伪和假面舞会中。只有丢掉面子才会赢得面子，人生的大成者都是直面自己惨淡的人生，敢于正视严酷的现实，不畏人言勇于迈出步伐的人。

超级信念十三：我可以解除顾客任何抗拒点，我是最受欢迎的人

1. 拒绝是销售的开始

多数新加入营销行列的营销人员在面对顾客的拒绝、异议时，觉得它像一道无法逾越的屏障，对它一筹莫展，心生挫折与恐惧；但是有经验的营销人员却把顾客有异议当成好事。不要把顾客的拒绝和异议看成是争辩或挑衅，真正的原因可能是他希望你提供更多的资料，或者他无法下决定。一般来说，营销人员可以把顾客提出的拒绝和异议当成自己成长的阶梯，从而成为一名伟大的销售员，拥有令人羡慕的收入。

首先，异议表明顾客对你和你的产品感兴趣，如果顾客不反对你提出的价钱，他大概对你的产品还不感兴趣。一般情况下，顾客越挑剔，证明他关注程度和兴趣越高。

其次，我们可以通过异议获得更多的信息，了解隐藏在顾客内心深层的需求和问题，从而调整我们的销售策略和方法。

最后，我们可以通过异议来了解顾客对我们所推产品的接受程度，并根据实际情况进行调整。

作为一名营销人员，会面对各种各样的拒绝，如：

“对不起，我没空。”

“我需要考虑一下。”

“老实说，我们的预算已经花光了!”

“我想再多比较两家供货商。”

“我想买，但价钱太贵了。”

“我对现在手里的产品很满意。”

“我需要总部批准。”

销售是从被拒绝开始的，销售的过程本就是一个“异议—同意—异议—同意”的循环过程，每一次交易都是一次同意的达成，而合作必然会带来新的问题和额外的要求。调查显示，提出异议的顾客销售成功率远远大于没有提出异议的顾客。一个伟大的营销人员，必定是在被拒绝中成长起来的。你若想成为真正的赢家，就必须学会接受拒绝和克服拒绝。

异议处理是营销的鬼门关，闯得过去就海阔天高，闯不过去就前功尽弃。克服异议的诀窍，就是要以同理心机智地处理顾客的困难，要让你的潜在顾客明白你很重视他，将每个异议都看成是一种挑战。一般来说，处理异议有如下套路。

第一，鼓励顾客说出自己的异议。营销人员要学会站在顾客的角度考虑问题，设身处地地体会顾客的感受，并对顾客异议给以恰当的表扬和鼓励，如“您的意见很好”或“您的观察力非常敏锐”，从而缓解顾客的敌意和抗拒情绪，感染对方把对抗转化为乐意与你一起解决问题。

第二，仔细聆听顾客的异议内容。顾客提出异议时，要面带微笑，认真倾听。即使顾客的异议有不实之词，也不要气急败坏地与顾客争辩，而是要对他的异议进行正确的引导，使他们逐渐接受正确的观点和建议，与顾客争辩失败的永远是营销人员。

第三，听完顾客的异议后，要重复一下他的异议，以确认他的抗拒点。重述顾客的异议，既是对顾客的尊重，又可以明确所要讨论的问题。我们可以这样重复顾客的异议：“如果我没理解错的话，您的意思是……”这种讨论方式有利于与顾客进行进一步的交流，也便于顾客接受我们的观点。

第四，辨别异议的真伪，并发现顾客真正的疑虑所在。要和顾客确认这是不是他唯一的问题，除了这个问题还有没有其他的问题，把顾客所有的异议全挖出来。

第五，谨慎回答，巧妙应对。在掌握了顾客异议以后，你就可以解答对方的异议。你的态度要坦诚，措辞要恰当、和缓，答案要尽量具体，说话要留余地，不能信口开河，随意给顾客无法实现的承诺。我们需做到：

(1) 当顾客误解时，向对方澄清和解释；

（2）当顾客怀疑时，用实例、其他顾客的推荐语、示范和其他确切证据证明自己的产品或服务有效；

（3）当顾客异议时，以完全合理的解释或实际行动来解除这个抗拒点。

此外，还需要指出的是，在处理顾客异议时尤其要注意以下两点。

第一，直接指出对方的错误。“你错了”，全世界没有一个人喜欢听这句话。如果你弄得顾客没面子，顾客一定弄得你没里子。营销人员要尊重顾客的意见。无论顾客的意见是对是错，是深刻还是幼稚，营销人员都不能表现出轻视的样子。

第二，避免发生争吵。一旦与顾客争辩，输了，你输了争辩，也输了交易；赢了，虽然赢了争辩，但却输了交易。输赢都输，最好不争吵。营销人员要面带微笑，双眼正视顾客，表现出全神贯注很欣赏的样子，给顾客足够的面子和尊重让他感觉良好。

总之，面对异议，营销人员不仅要接受，更要欢迎。不要将异议视为销售的阻力，而要将其看作引领你继续完成交易的指示灯，为顾客解答难题、解决问题，从而实现交易。

2. 嫌货才是买货人，打消顾虑促成交

很多时候，虽然销售人员和顾客谈了很久，但是顾客迟迟不肯购买这件商品，还对商品挑挑选选，利用各种理由来贬低商品，其中最主要

的原因就是顾客的心中还存在着顾虑。

但是，销售人员要明白，顾客有顾虑并不代表不想买，而恰恰是想购买的前提。因此，我们需要正确地对待这些顾虑，及时找出顾客顾虑的是什么，以便及时为顾客解决问题，消除顾虑，达到销售成功。

一个顾客想买一款笔记本电脑，他向销售人员说："你好，我想咨询一下，你这款笔记本电脑卖多少钱？"

销售人员回答说："您好，我们这里的零售价是6000元。"

顾客说："价格有点高了啊。"

销售人员说："先生，我们的价格已经很优惠了。因为我们也是想薄利多销的，另外，我们还希望您购买之后能介绍朋友到我们店里来购买呢。现在市场竞争激烈，价格也比较透明了。"

顾客疑惑地说："但是我在网上看到的价格比这里便宜了300元。"

销售人员回答说："您看到的可能是前两天的促销价格，这种价格我们进货都很难进到。除去运费、房租、水电、税务等费用的开销，一般一台电脑我们就挣100元。"

顾客微笑不语。

销售人员随即说道："先生，您是现金还是刷卡？发票怎么开呢？这是我的名片，电脑有什么问题到时可以给我打电话，大家互相帮忙，交个朋友。"

销售人员在实事求是、轻松和谐的环境下，打消了顾客的顾虑，促成了一笔交易。

销售人员一方面要激起顾客的购买欲望，另一方面要消除顾客的顾虑。当顾客没有任何顾虑而且购买的欲望也足够大时，顾客是没有理由不购买你的产品的。

那么，销售人员怎样才能消除顾客的顾虑呢？

（1）销售人员应该保证清楚地了解自己的产品

销售人员只有清楚地了解自己的产品，才能够在面对顾客的顾虑和疑惑时，准确地向顾客进行介绍，以展示产品的功能、特色，让顾客亲身体验到产品的好处，顾虑自然就消除了。

（2）销售人员应该清楚地了解产品的市场定位和竞争优势

了解产品的目标人群、价格水平、竞争优势，还要广泛地收集有关产品的信息、同类产品的价格、市场竞争力，以及人们对这一类产品的评价等，以便在向顾客介绍产品或回答问题时都能准确无误，这样一个自信而专业的销售人员所说的话才会更具有说服力。

（3）销售人员要利用顾客的从众心理来消除他们的顾虑

从众是人们的一种普遍心理特征，这种心理表现在当人们要做出判断或改变自己想法时，往往会参考别人的做法。比如，对于一些热销的产品，大家都会争相购买。他们一般不考虑这个商品适不适合自己，而且，即使等上几个小时也乐此不疲。

也就是说，当大家都认同一件事情的时候，你就会被影响。即使你以前认为它是错的，你都会改变你的决定。同样，我们可以将这种心理用于销售过程中。当顾客有顾虑的时候，就要告诉他们已经有很多人都说不错，顾客会参照别人的行为来决定购买。

（4）销售人员应该利用顾客对权威的崇拜来消除他们的顾虑

人们总是认为权威人物的思想、行为和语言是正确的，服从他们会使自己有安全感，会使自己的行为更加正确。

销售人员要打消顾客心目中的顾虑，有的时候需要用人们的这种权威心理。销售人员应该使用好这种权威策略，让自己看起来更像这个领域的专家。例如，有一个好的头衔、好的着装、好的气质以及专业的知识，这样的销售人员很容易得到顾客的信任和尊敬。

3. 应对顾客拒绝的话术

面对顾客的拒绝，我们不要沮丧而应该恭喜自己才对，因为拒绝挑剔是买主。对于买卖双方来说，拒绝的人会更难为情，更难以下定决心。关键是提前预想客户各种拒绝的应对话术，做到了然于胸，不打无准备之战。

客户为了拒绝你，会随口说出很多条不买你的产品的借口，这些借口90%以上都是为了把你赶跑的搪塞之词。你不要理会和当真。当你坚信“我可以解除顾客任何抗拒点，我是最受欢迎的人”，面对拒绝，你就会坦然面对，胸有成竹地把对方的抗拒变成他购买的理由。

1992年，我从国企辞职下海，到广告公司应聘成为一名广告人，在师傅的带领下先从收集名单、电话约见客户开始。工作了两个多月，颗粒无收，如果不能成交一单，很可能动摇我做销售的信念。一天在三联信息上看到某农机公司董事长的电话，于是打过去，自我介绍没说完，就被拒绝说不需要，电话挂断。一咬牙又打过去，我说不好意思董事长，电话掉线了。我想像您这样有素质的企业家一定不会挂我的电话，您说是吗？这位董事长很生气，说："什么事？"我说想跟您约个时间拜访一下。"明早来吧！"那边气哼哼地撂了电话。

我第二天早上六点就到了他的公司，等到八点多才见到这位董事长，向他推荐团结路转盘一块户外广告牌时，他根本就无动于衷，非常排斥，头摇得像拨浪鼓，说出很多不做的理由和借口，企图蒙混过关，将我赶跑了之。没想到我连续二十多天，每天像上班一样，到他那里谈他一定要投放的好处，希望解除他的抗拒，同时在谈的过程中，和他的上下同人打成一片，帮助搬运货物，清扫卫生，唠家常。到后来很多他的公司同人都被我的工作精神所感动，甚至到老板那里帮我讲情。终于有一天，这位董事长不再讲他那些借口，而让助理和我签订了一笔可观的广告发布合同。后来，这位董事长还成为我最好的朋友之一。其实很多的借口都是假的、不存在的，你必须非常自信地相信自己可以解除顾客任何的抗拒，他一定会做出正确的决定。

应对顾客拒绝的话术分以下几种情况。

（1）没时间

解决方案：没时间说明你事业很成功，但同时你希不希望忙得更有效率、更有价值、更有意义？所以今天你只需给我三分钟的时间，就可以让你忙得更有效率、更有价值、更有意义，你希不希望了解一下呢？

（2）没钱

解决方案：你现在没有钱，我知道，但你希望永远都处在“没钱”的处境中吗？那你希不希望一举扭转困局，走出没钱的境地呢？

（3）现在不需要

解决方案：我知道你现在不需要，以后可能会需要，是吗？如果我接下来的资讯对您有好处、有价值，您说是早一点了解好还是晚一点了解好呢？

（4）考虑一下

解决方案：您说要考虑一下，一定是对我的资讯感兴趣，是吗？您说要考虑一下不会是为躲开我吧？那您是考虑产品品质呢，还是产品价值呢，抑或产品的售后服务呢？

（5）其他地方更便宜

解决方案：我相信其他地方更便宜，不过我相信你买产品的时候，不仅仅关心价格，更关注产品的品牌、品质、服务，以及将来后续性的合作，对吗？

（6）已经买了

解决方案：太好了，这说明您在这方面非常的关注和在意。那请问一下，您为什么要选择这个产品呢？哪些地方满意？哪些地方还不太满意呢？可以分享一下吗？

（7）没预算

解决方案：太棒了，您公司凡事都有预算，说明您的公司善于做规划，同时我相信如果一件事情对您的公司带来利益和好处，虽然不在你们的预算之内，您一定也会做出调整的，您说是吗？

（8）不要讲了

解决方案：对不起，我要向你道歉。可是你有没有想过，如果你的公司员工也像我一样能在周六周日也打电话拜访客户、服务客户、追踪客户，那你公司的业绩一定会大幅度地增长，你说是吗？

（9）以后再说

解决方案：美国前国务卿鲍威尔说过一句话——拖延一个决定比做错一个决定更浪费美国人民的金钱和利益，这句话在中国也适用。请问今天我们是不是也在讨论一项决定呢？

（10）太贵了

解决方案：太棒了，从一见面我就看出你是一个有眼光、注重品质的企业家，所以请问一下，既然这个产品这么贵，为什么还是有这么多人选择它呢？同时，为什么这么多产品，你却唯独看上这一款呢？请您帮我分析一下，好吗？

（11）不感兴趣

解决方案：太好了，你不感兴趣我非常理解，因为任何事情都是从不感兴趣到感兴趣。我过去跟你一样，还没做这个项目之前，我也对它不感兴趣，可是经过了解我却发现，我们的产品能给客户带来不小的价值和利益，于是产生了浓厚的兴趣。今天您也一样，当您了解到我能给您带来好处和价值，您一定不会错过的，是吗？

（12）商量商量

解决方案：太好了，您说是商量一下是吗？请问您是与谁商量呢？同时请问您是商量产品的价格，还是款式，抑或产品的售后服务好坏呢？

（13）等电话

解决方案：等电话对吗？那我跟你预约一下，明天您什么时间比较方便，是上午还是下午呢？

4. 促成交易，及时嗅出成交的味道

一般来说，一单生意在成交之前，都会出现各种各样的信号。这些信号是顾客在销售的过程中有意无意表现出来的，表现形式多种多样，十分复杂。如果销售人员不加注意，就会与成功成交失之交臂。

在实际的销售工作中，顾客不会首先提出成交，更不愿意主动明确地提出成交。顾客对自己都有一种保护心理，即使心里很想成交也不愿

先开口，似乎先提出成交就一定会吃亏。因为他们想把自己的这种心理隐藏起来，以使自己获得更有利的价格优势。

顾客的这种心理很正常，但却是成交的障碍。这就需要销售人员能够用自己的慧眼来识别顾客的言行，发掘出顾客的成交意思，及时捕捉各种成交意向信号，嗅出成交的味道，并促成交易。

一位顾客走进一家销售洗衣机的商场，销售人员走过来向顾客进行介绍。

“您好，先生，请问您需要一台洗衣机，是吗?”销售人员问道。

“是的。”顾客回答。

“我们现在有一款非常好的洗衣机，您来看看吧，就是这台。”销售人员一边说一边把顾客领到一台洗衣机的旁边。销售人员继续说道：“现在为您介绍的这台洗衣机是S－I型的，全自动的，不仅洗得干净，还很节能、便捷……”

“是洗干一体的吗?”顾客又问。

“是的，集洗衣、脱水、烘干于一身，能做到‘即洗即干即穿’，并且节水、磨损率低、可加热、能洗高档衣料……”销售人员向顾客介绍道。

“听起来不错，那价格是多少?”顾客问道。

“2000元。这个价格很合理。”销售人员回答道。

“那你们产品的售后服务怎么样?”顾客又问。

“我们的售后服务很健全，产品如果出现问题，一个月内包换，一年内保修。在全国22个大中城市都有售后服务处，您可以放心购买。”销售人员回答。

顾客开始沉默。

销售人员接着说道：“我们的产品在价格上和质量上都是很有优势的。”

顾客回答说：“你们的价格还是有点儿高。”

销售人员诧异地说道：“可是……”

顾客犹豫了一会儿，就走出了商场。

其实，在上述案例中，我们可以看出顾客多次表达了成交的信号，给出了购买的信号，然而销售人员却没有及时把握，所以就错过了成交的好时机。

第一次发出的信号是“是洗干一体的吗?”表明顾客就是要买这种洗衣机。第二次发出的信号是“听起来不错，那价格是多少?”表明顾客开始对价格进行讨论了。第三次信号是“那你们产品的售后服务怎么样?”进一步说明顾客有明显的购买信号。第四次发出的信号是“顾客沉默”，表明他在考虑购买的利与弊。最后一次发出的信号是“你们的价格还是有点儿高。”表明顾客希望销售人员在价格上能做一个让步，如果价格合理很可能就会购买了。

然而，销售人员并没有发现这些购买信号，也没有做认真的介绍。其实，只要销售人员能在发现这些购买信号的时候，多为顾客着想，从顾客发出的利益出发，做成这单生意那是轻而易举的。

在顾客多次发出的购买信号中，销售人员都没有及时抓住机会，完全抱着一种“愿者上钩”的销售方式，最终只能让到手的单子又失掉了。

那么，在实际的销售过程中，销售人员如何识别出成交的信号，嗅出成交的味道呢?

（1）成交的语言信号

无论是在与顾客进行正式的销售谈判过程中，还是在销售人员开展的其他销售过程当中，当顾客有意购买时，他们通常都会因为内心的某些疑虑而不能迅速做出成交决定。这就要求销售人员必须密切注意顾客的反应，以便从中准确识别顾客发出的成交信号，做到这些可以有效地减少成交失败的可能。

这些顾客会在询问的过程中提出很多意见，或者对产品进行百般挑剔，或者对产品进行贬低，或者嫌弃价格过高，或者对其他品牌的产品进行褒奖，等等。其实，这都是顾客发出的购买信号，因为他在尽可能地为自己争取利益，是在为自己争取好的谈判地位，以便在购买中得到更多的“便宜”。

（2）成交的表情信号

通过仔细观察顾客，你会发现，顾客在成交之前的一些表情也会成为成交的信号。当顾客的目光在产品上逗留的时间延长、眼睛发光、神采奕奕的时候，说明其对产品有购买的欲望。销售人员要抓住顾客的这种购买欲望，及时促成交易。

还有的顾客由刚开始的咬牙沉思，渐渐露出了明朗、放松、活泼、友好的表情时，说明其对产品抱有极大的兴趣，只要销售人员在这个时候适时推一把，就能够促成销售。

(3) 成交的动作信号

如果发现顾客对产品的动手频率提高了，出现了“东摸摸，西看看”的动态动作时，说明顾客开始在研究产品了，有了购买意向。

如果发现顾客的动作由紧张变得放松了，说明顾客已经定下来要购买这种产品了，只是在某一方面，特别是价格方面还在与销售人员进行抗争。

如果发现顾客盯着自己的双脚看，说明有真实的购买意愿，但是倘若销售人员不能达成他的条件，他就要走人了。说明顾客还在猜测销售人员的价格底线，这时候就要看销售人员能否拿出一个合理的方式使得大家双赢了。

任何一次成功销售产品的过程中都是顾客和销售人员不断向对方妥协、让步，以达到一个双方最满意的点，实现双赢的过程。因此，只有及时嗅出成交的味道，才能使得交易轻松达成。

5. 甜言蜜语，化解顾客异议

什么是顾客的异议呢？这里的异议就是指顾客对于产品、价格、促销、服务等，由于不明白而产生的不同意见或者反对的意见。

一般来说，顾客在表示异议的时候会打断销售人员的话，或是就某问题而争论等。这种异议在销售人员销售产品的过程中是难以避免的事情，换句话说也就是必有的事情。因此，销售人员必须要接受这样的异议，而且更要欢迎。

要知道，异议并不一定是坏事，有了它，我们才能够知道问题出现在哪里，接下来应该怎么做，才能够知道下一步行动的方向。

一位财政金融计算器的推销人员向一家公司的经理推销自己的产品。

顾客："你们的商品价格太高了。"

推销人员："太高?"

顾客："你们产品的价格几乎比你们的竞争对手的价格高出25美元。"

推销人员："这正是您应该买我们产品的原因啊。我们的产品有许多好的品质，每个人都认为其物有所值。没有一种其他的产品能有我们产品独有的特征。您只要按一下这个按钮，就会看到时间和日期。"

顾客："这很好，但我感兴趣的是我的秘书能用于计算薪水总额、税收以及其他商业申请表的计算器。"

推销人员："您所说的仅仅是这种计算器最基本的一些功能。"

顾客："是这样的，你们有没有比这种便宜的计算器?"

推销人员："我明白您的意思了。但我认为质量也是一个重要的考虑因素，我们的计算器保证可以使用5年而不需要维修，这比竞争对手产品的有效使用期多出2年，相当于每月的花费仅2美元。"

顾客："也许你是正确的，但我还需要考虑一下。"

推销人员："经理，您付给您的秘书多少工资?"

顾客："每小时10美元。"

推销人员："哦，先前我计算过，用我们的计算器可使您每天节省2小时的工作时间，相当于每天节省20美元，一周就是100美元。这些都代表您腰包中的金钱。如果您还下不了决心，这可是一个损失。"

顾客："这么说的话，那我就买吧。"

由于顾客的异议是多种多样的，处理的方法也各不相同，必须针对具体的事情采取具体的处理方法。常见的处理顾客异议的方法有以下几种。

(1) 先作让步，再作进攻

这种方法是首先承认顾客的看法有一定道理，向顾客作出一定的让步，然后再说出自己的看法。若要用好这种方法，应该尽量少地使用"但是"一词，而是将说话的意思包含出"但是"的意见，这样效果会更好。

比如，顾客提出营业员给他推销的服装颜色过时了，营业员不妨这样回答："小姐，您的记忆力的确很好，这种颜色几年前已经流行过了。我想您是知道的，服装的潮流是轮回的，如今又有了这种颜色回潮的迹象。"这样就轻松地反驳了顾客的意见。

（2）利用自己的产品优势来抵消顾客提出的缺点

如果顾客的反对意见正好切中了产品的缺点，或者是公司所提供的服务中的缺陷，销售人员千万不可以回避或直接否定。正确的方法是肯定顾客的意见，然后淡化处理，利用产品的优点来补偿或是抵消这些缺点所带来的影响。这样有利于使顾客的心理达到一定程度的平衡，有利于使顾客作出购买决策。

比如，当推销的产品质量确实有些问题，而顾客也恰恰提出："这东西质量不好。"营业员可以从容地告诉他："这种产品的质量的确有问题，所以我们才削价处理。不但价格优惠很多，而且公司还确保这种产品的质量不会影响您的使用效果。"这样一来，既打消了顾客的疑虑，又以价格优势激励顾客购买。这种方法侧重于心理上对顾客的补偿，以便使顾客获得心理平衡感。

（3）对顾客的异议，先提出委婉的处理方法

这种方法一般用于在销售人员还没有考虑好如何答复顾客的反对意见时，不妨先用委婉的语气把对方的反对意见重复一遍，或用自己的话复述一遍。这样可以削弱顾客的看法，以求得顾客的认可。

比如，顾客抱怨："价格比去年高多了，怎么涨幅这么高。"营业员可以这样说："是啊！价格比起前一年确实高了一些。"然后再等顾

客的下文。

（4）可以将顾客的几种意见汇总成一个意见来解决，找准问题的关键点

这样做可以削弱顾客的反对意见。要注意：不要在一个反对意见上纠缠不清，因为人们的思维有连带性，往往会由一个意见派生出许多反对意见。所以，解决的办法就是在回答了顾客的反对意见后马上把话题转移开。

比如，顾客在同时挑剔产品的款式、颜色、功能，但若顾客真有这么多的意见，是肯定不会考虑购买该产品的，还在不断地挑剔的原因就是他想购买该产品，可能问题的关键只是价格而已。

（5）反驳法

反驳法是指营业员根据事实直接否定顾客异议的处理方法。一般来说，这种方法应该尽量避免，因为直接反驳对方容易使气氛僵化，使顾客产生敌对心理，不利于顾客接纳营业员的意见。

但是，如果顾客的反对意见是产生于对产品的误解，而你有条件有能力可以解决异议的时候，不妨直言不讳，但要注意语气和态度。

（6）冷处理法

有的时候，对于顾客一些不影响成交的反对意见，我们最好不要反驳。国外有些推销专家认为，在实际推销过程中80%的反对意见都应该冷处理。要记住，千万不能顾客一有反对意见，就采用反驳法处理，那样反而会引起顾客的反感，不利于销售的进行。

但要注意，冷处理并不是不理睬顾客的反对意见，而是适当地冷却处理，避免引起争端和让顾客产生反感，把握尺度很重要。

于行博士点拨

所有的客户都是“借口学院”毕业的，客户任何拒绝你的理由都是你要成交的原因，销售者和客户犹如拳击台上的两个人，要么你倒下，要么我倒下，关键是谁能笑到最后。在销售拳击台上，能笑傲江湖的人一定是最能解除客户抗拒的人。

第五章　销售任何产品给任何人

销售是信心的传递，是情绪的转移。客户会从你的表情、眼神、语气、肢体动作中看出你对自己的产品是否有信心，从而决定是否购买。如果一个销售者没有在心中树立起“我能在任何时间、任何地点销售任何产品给任何人”的强大信念，就不太容易感染和说服客户。

超级信念十四：给期望一个时间截点

1. 理想和现实之间必须架起一座桥

科学家巴甫洛夫做过一个试验：他养了一些狗，先让这些狗饿肚子，等到这些狗饿得受不了了，他在它们前面摆了一块肉，于是狗儿们便开始流口水。狗一流口水，巴甫洛夫便开始摇铃，他一再重复这个程序。之后，狗不用等到肚子饿，只要巴甫洛夫一摇铃，狗就会开始流口水。

这就是著名的“心灵扳机”试验。卓越的销售者在追求一个目标之前，先相信自己已经达成了目标。理想和现实之间有一道鸿沟，必须架起一座桥，我们才能顺利到达彼岸。这座桥就是内心极度的渴望，不断重复想象已经达成的样子，确定自己未来会成为什么，坚信自己未来一定会成为什么，比如健康、富有、成功等。心诚则灵，只要自己够坚定，“成功之剑”就射到那里。人的一生最大的悲哀是连一个想法都没有，最后浑浑噩噩，了却余生。等到突然醒悟，生命已经所剩无多。可以说没有想法，就没有未来。

哈维·麦凯在当初准备写《攻心为上》这本书的时候，请他的秘书为他买了一份很有权威的登记每一期书刊作者的前十名的杂志。哈维·麦凯便将第一名挖去，将第一名换成哈维·麦凯《攻心为上》。然后他每天看，一直看了三百六十天之后，奇迹真的发生了，哈维·麦凯《攻心为上》真的成了畅销书排行榜第一名。所谓梦想板就是当目标写下后，想象目标已达成的环境和氛围，要每天看多次重复确认这就是“成功之剑”的力量。

如果说我们的心灵是一艘船，那么意识就是站在舵盘旁边引路的领航员。他的命令通过话筒传递到动力舱，船员们就开始操作蒸汽机等一系列复杂的设备。其实动力舱内的船工并不清楚自己将要前往什么地方，他们只是接受命令并忠实地执行罢了。如果领航员发出错误的指令，他们也一样会听从，有可能让船撞向冰山或者暗礁。所以，领航员必须为船的前进方向负责。

领航员决定了船的前进方向，同样你的意识也决定了你心灵之船的前进方向。潜意识接受来自你的意识的命令，然后开足马力向你指引的方向前进。他们让你相信和期望的愿景化为现实，却从来不过问这些愿景究竟是好是坏。

如果你一再对自己说“我负担不起这笔开支”，那么你的潜意识就会接受你的命令。它开始让你朝着一个收入更低的方向前进，你的收入就会受到影响。如果你说“我买不起车，也没钱旅行，更没有钱买房子”，那么，你的潜意识就开始遵循你的命令，你就会真的体验到缺乏上述物品的人生，而你却误以为这是外界条件造成的。你也许从来都不知道，这些竟然都是自己内心的负面想法造成的。

你的身体就是一个信息发射器，简单得如同一部手机，有的人的身体发射信号很强，能被很多人收到，因而他的影响力很大。很多人都知道他，很多人都被他感染，很多人因为他的存在而发生改变。经常用手机的人都知道，有些地方没有信号。因为当地没有基站，就是没有发射信号的机器。你会发现如果想要真正实现全球通，就要向太空发射很多颗卫星。这些卫星发射出信号，我们的手机才能接收到。人的身体与思想犹如一个强大功能的信息发射器，即使远在千里之外的母亲都会想到孩子是不是想她了，正好有这个意念的时候，她就拿起电话打给自己的儿子，而自己的儿子正好在那一刻想自己的母亲，心和心相连，彼此就通过电话接通了。当你心里想一个人的时候，你渴望见到某个人的时候，那天晚上在你经常去的餐厅里面，正好你这位朋友也出现了，你有没有这种经历？其实你的身体是一个强大的信息发射器，它有时影响了你的生活甚至命运。

美国南加州大学有一位名叫尼娜的女大学生，圣诞之夜，她正要起程前往水牛城和家人一起过节。当她路过贝弗利山脚下的一个奢侈品商店时，对其中一款西班牙的皮革挎包心动不已，眼神中流露出无比向往的神情。可是一看价格标签，她不得不大喘一口气，劝说自己：“这么昂贵的皮包，我可买不起。”不过她马上就告诉自己：“千万不能让负面的想法变成现实，一定要开始正面的想法，让奇迹在你的生命中发生。”

尼娜看着橱窗后面的商品，开始对自己说：“那个包是属于我的，我在精神上接受了它，我的潜意识已经看到了我获得它的那一幕。”

为了送尼娜前往水牛城，当天晚上，她的未婚夫请她到餐厅共进晚餐。席间，未婚夫拿出了一个包装精美的礼物。尼娜屏住呼吸，开始拆掉礼物的包装。多么神奇啊，礼物竟然和那个让人心动的皮包一模一样！她让自己的内心充满了对这款皮包的期待，并让这个想法深入到潜意识之中，接下来的事情就是潜意识令人惊奇的成就力在发生作用了。

尼娜后来告诉大家说：“其实我当时并没有钱买那款皮包，可是现在这包却的确属于我了。我现在已经知道应该怎样去寻找财富了——一切财富其实早就藏在我的内心，我现在只需要把它们挖出来就好。”

卓越的销售者区别于普通销售者的地方是他们的内心坚持自己想要的目标并发誓一定要，不达目的誓不罢休。他们专注在目标上，心无旁骛，万念归一。他们屏蔽一切跟自身的目标无关的人或事，不受外在和内在的干扰和纠结。

2. 期望定律

每逢节假日的时候，我们都不忘给自己的亲朋好友以及客户送上一句美丽的祝福语：“祝你心想事成。”心理学领域也确实发现了一种与此相关的奇妙效应，即人的心理预期会对成绩或绩效产生影响，它被称作“皮格马利翁效应”，我们称它为期望定律。

“皮格马利翁效应”起源于古希腊一个美丽的神话故事。塞浦路斯国王皮格马利翁性情孤僻，为逃避塞浦路斯一水性杨花的女子的骚扰而一人独居。他善雕刻，孤寂中用象牙雕刻了一座表现他的理想中的女性的美女像，久久依伴，竟对自己的作品产生了爱慕之情。他祈求爱神阿芙罗狄忒赐予雕像以生命。阿芙罗狄忒为他的真诚爱情所感动，就使这座美女雕像活了起来。皮格马利翁遂称她为伽拉忒亚，并娶她为妻。

可能是受到这个希腊神话的启发，最有名的美国心理学家罗森塔尔和雅各布森于 1968 年在一所小学进行了一个实验。他们向老师提供了一份所谓“天才学生”的名单。在 8 个月后的又一次测验中，这部分学生的进步果然超过了其他人。然而，出乎意料的是，这 20% 的学生其实是研究者随机抽选出来的。实际上，是老师的期望提高了这些学生的成绩。也就是说，当老师给予学生更多的赞扬和关注后，学生真的会发生变化。研究者把这种现象命名为“皮格马利翁效应”。有趣的是，后人的研究发现，在学生身上同样存在“皮格马利翁效应”，也就是说，学生对自己和老师的期望也会影响其学业表现和师生关系。

赞美、信任和期待具有一种能量，它能改变人的行为。当一个人获得另一个人的信任、赞美时，他便感觉获得了社会支持，从而增强了自我价值，变得自信、自尊，获得一种积极向上的动力，并尽力达到对方的期待，以免对方失望，从而维持这种社会支持的连续性。

俗话说“情人眼里出西施”，恋爱中的人往往确实会因对方的欣赏而变得容光焕发。反过来，如果有人长期遭受贬低或歧视，也可能会每况愈下，破罐子破摔。这个效应给人们的启示是，不管是家庭教育、学校教育，还是企业管理，都可以利用积极的心理预期来促进个人的进步。如果个人的优点能尽可能多地被发掘出来，并得到更多的鼓励和欣赏，那么，随着自信心的增强，内在的潜力也将被更大地激发出来。

期望定律其实体现的就是暗示的力量。暗示在本质上，是人的情感和观念，会不同程度地受到别人下意识的影响。人们会不自觉地接受自己喜欢、钦佩、信任和崇拜人的影响和暗示。而这种暗示，正是让你梦想成真的基石之一。

期望定律虽然会对你的生活产生积极或者消极的影响，但是千万不要盲目地相信它，完全被它所左右。因为外界的鼓励或批评是每个人都必须要面对的问题，如果总是因为别人的态度而改变自己的话，那就永远也不会成熟。

期望定律让我们明白，向一个人传递积极的期望，就会使他进步得更快，发展得更好。反之，向一个人传递消极的期望，则会使人自暴自弃、放弃努力。

在企业管理方面，一些精明的管理者也十分注重利用期望定律来激发员工的斗志，从而创造出惊人的效益。在现代企业里，期望定律不仅传达了管理者对员工的信任度和期望值，而且更加适用于团队精神的培养。

通用电气的前任CEO杰克·韦尔奇就是期望定律的实践者。他认为，团队管理的最佳途径并不是通过“肩膀上的杠杠”来实现的，而是致力于确保每个人都知道最重要的东西是构想，并激励他们完成构想。韦尔奇在自传中用很多词汇描述那个理想的团队状态，如“无边界”理念、四E素质——精力、激发活力、锐气、执行力等，以此来暗示团队成员“如果你想，你就可以”。在这方面，韦尔奇不止一次送手写便条向核心团队成员表示感谢，这虽然花不了多少时间，却几乎总是能立竿见影。因此，韦尔奇说：“给人以自信是到目前为止我所能做的最重要的事情。”

“经营之神”松下幸之助也是一个善用期望定律的高手。他首创了电话管理术，经常给下属，包括新招的员工打电话。每次他也没有什么特别的事，只是问一下员工的近况如何。当下属回答说不顺利时，松下又会说：很好，希望你好好加油。这样使接到电话的下属每每感到总裁对自己的信任和看重，精神为之一振。许多人在期望定律的作用下，勤奋工作，逐步成长为独当一面的高才。

美国钢铁大王安德鲁·卡内基选拔的第一任总裁查尔斯·史考伯说：“我认为，我那能够使员工鼓舞起来的能力，是我所拥有的最大资产。而使一个人发挥最大能力的方法，是赞赏和鼓励。再也没有比上司的批评更能抹杀一个人的雄心……我赞成鼓励别人工作。因此我急于称赞，而讨厌挑错。如果我喜欢什么的话，就是我诚于嘉许，宽于称道。我在世界各地见到许多大人物，还没有发现任何人——不论他多么伟大，地位多么崇高——在被赞许的情况下，比在被批评的情况下工作成绩更佳、更卖力气的。”史考伯的信条同卡内基如出一辙。正是因为两人都善于激励和赞赏自己的员工，才稳固地建立起了他们的钢铁王国。

当下属出现失误时，激励就尤为重要了。美国石油大王洛克菲勒的助手贝特福特，有一次因经营失误使公司在南美的投资损失了40%。贝特福特正准备挨骂，洛克菲勒却拍着他的肩说：“全靠你工作有方，替我们争取了这么多的投资，能干得这么出色，已出乎我们意料了。”这位因失败而受到赞扬的助手后来为公司屡创佳绩，成为了公司的中坚人物。

人类本性中最深刻的渴求之一就是赞美。每个人只要能被热情期待和肯定，就能得到希望的效果。管理者应该而且必须赏识你的下属，要把赏识当成下属工作中的一种需要。赞美下属会使他们心情愉快，工作更加积极，他们会用更好的工作成果来回报你。

期望定律提醒我们：自尊心和自信心是人的精神支柱，是成功的先决条件。所以，不管是家长、老师还是管理者，都应该切记：不要视别人的自尊心、自信心为儿戏。因为要想让一个人重建自信，不知比破坏一个人的自信心要难上多少倍，包括对待自己。

3. 重复就是力量

期待就是吸引，相信它每天都可能发生在你的身上，但是一定要有耐心。磨刀也需要磨几百下才行，水滴石穿甚至需要好几年的时间。重复就是力量。自己每天早晨和晚上睡觉前，都重复地（早、晚各十遍）写自己的核心目标。我每天都写自己的目标，目的只有一个，就是刺激潜意识，给它一个明确的指示。当我们心中有个巨大的目标，又符合自然法则的时候，就能感召众人相助。

迈克尔·菲尔普斯，14 个奥运冠军得主，罕见的游泳奇才。他已经被一些人视为他所从事的运动历史上最伟大的全能运动员。2008 年 8 月 17 日，北京奥运会游泳比赛水立方的收官之战男子 4×100 米混合泳接力决赛落幕，美国队在菲尔普斯的带领下获得金牌，菲尔普斯也成功地打破了前辈施皮茨1972年创造的单届奥运会获得七金的纪录，独揽八枚金牌，成为了本次奥运会最大的赢家之一。他回忆以前训练的经历说："如果没有发挥自己的最佳水平，我就会不停地去想它，上学的时候想，和朋友在一起的时候想。"也正是这种"持续的想"成就了菲尔普斯。

史玉柱，一位传奇的中国式商人，商海中几经浮沉的崛起者。在过去的几年里，他所策划的脑黄金、脑白金广告一直在不厌其烦地向我们"下订单"，在我看来，重复的脑黄金、脑白金的广告模式或许就是他人生历程的真实写照，也正是这种不厌其烦地重复行为奇迹般地成就了史玉柱的成功人生！

大部分人都喜欢创新，讨厌重复，其实重复才是十分重要的事。只有不断地在头脑中重复你的目标，它才能够变得清晰无误。重复不是无用功，每一次重复的过程都会使目标比先前更加靠近你。你的思考能力无边无际，这意味着你的实践能力无边无际，足以让你创造出一切你自己渴望拥有的外部环境。你必须在内在的世界，在你的心灵中牢牢地把握它，直至它在外在世界中显现出自己的形象。这个方法确实十分神奇有效，所以你必须每天要坚持向宇宙下订单。

人的大脑总是能记住那些能让自己兴奋的事情。你在喜庆的场合遇到的某位老朋友也许就是你人生的一个重大转折点！过生日需要庆祝，结婚需要庆祝，乔迁新居需要庆祝，我们甚至从电影《非诚勿扰2》里面看到一段庆祝离婚的壮观场面！庆祝的心态同样很重要。你参与庆祝的事情越多，你被人记住的可能性就越大！

只有你对社会和别人有贡献的时候，你的生命才是有意义的。当你给予别人的时候，你的内心充满自豪感。当你的事业有结果有成就的时候，一定要庆祝。农村里有人结婚的时候都是把村里的大多数人请来吃饭，一起高兴高兴。我们要为别人的成就欢呼，不要嫉妒他。如果你不去庆祝生命中那些美好的时刻，那你的生命就没有意义了。庆祝你的孩子降生，庆祝你的新公司成立，庆祝公司业绩一路上扬……庆祝越多，正面的强化就越多。我们要成功也要快乐，又快乐又成功是我们最终的选项。

于行博士点拨

达成目标是一定要庆祝的，不论大小，小成功小庆祝，大成功大庆祝。在庆祝场合中我们不要做一个低调的人，有谁能记住那个躲在角落喝酒的胆小鬼？穿上你最喜欢的盛装，保持高涨的情绪出席每一场值得我们庆祝的场合！庆祝会产生无与伦比的吸引力。

超级信念十五：吸引一切美好的事物出现在我的生命中

1. 学会展示自己

每一个优秀的销售人员都知道，销售的本质和精髓就是“销售自己”。这个道理很简单，只有客户接受了你这个人，相信了你，他才有可能购买你手里的产品。

在销售过程中，销售人员首先要做的也是最重要的一点，就是要给客户留下良好的印象，要在客户面前展示自己的形象。销售人员的形象是多方面的，它不仅包括销售人员的衣着，还包括说话的方式、行为举止、能力的展示等。形象的好坏往往能成为销售成败的决定性因素。

因此，优秀的销售人员对自己的形象格外讲究，并会随时注意自己的形象。在销售工作中，他们也总是将自己最好的一面展示出来，给客户留下良好的印象，更快速地获得客户的信任，从而实现销售成功。

日本销售大师原一平先生把个人形象放在了销售成功要素的

首位。

一次，他和美国一家保险公司的经理谈话，那人问道：“您认为访问客户之前做得最重要的一件事是什么？”原一平当时想都没想，就回答：“照镜子。是的，在访问客户之前最重要的一件事就是照镜子。”这个答案让这位经理一下子摸不着头脑。

原一平接着解释道：“镜子是最真实的，就跟你面对客户一样，你在镜子面前展示自己就是在客户面前展示自己。在镜子中你还能发现自己的表情、姿势有什么不足，然后会更有自信地去跟客户谈生意。”

原一平的话引起了经理的兴趣，他说：“原一平先生，我从来没有听过这样的说法。请您跟我仔细讲讲吧。”

原一平说：“把镜子当作是你的客户。你站在镜子面前，看到的是真实的自己；你在客户面前，从客户的反应中也能看到真实的自己。这样，你在镜子前的排练就有了意义，为了达到你想要的目的，你必须学会在镜子面前磨炼自己。你的仪表、穿着就是客户对你的第一印象的重要凭证。我们都知道第一印象非常重要。但是最佳的穿戴并非追随潮流，而是适合你的职业形象和职业需求。”

原一平的一番话解释了个人形象对于一名优秀的销售人员的重要性。

案例中，原一平的话告诉我们，良好的形象不仅仅能够获得客户的信赖与尊重，而且能提高自己的信心，更好地展示自己的业务素质和交际能力。塑造良好的形象是成功的必备因素之一。

那么一名优秀的销售人员，应该在哪些方面做展示形象的准备工作呢？首先，在见客户之前，销售人员应该从以下五点做准备。

（1）检查自己的衣服是否干净整洁，污渍、褶皱都不能出现。衣冠整洁是良好形象的基本要求。

（2）检查衣服的纽扣、拉链有没有缺漏，以免造成尴尬的场景出现。

（3）检查皮鞋是否擦得明亮。鞋子不干净的人连楼道里的清洁阿姨都反感，更何况是百般挑剔的客户了。

（4）检查头发是否整洁。客户看到“蓬头垢面”的销售人员，恐怕第一反应就是想逃跑。

（5）检查指甲是否干净。客户往往会以挑剔的眼光注视着销售人员，在你身上发现任何不满的地方都会招来他的反感。

其次，在与客户进行交谈的过程中，应该注意说话的技巧、沟通的方法，以使自己的整体形象得到更好的展示。

一名优秀的销售人员需要时刻注意检查自己的形象，并能够根据周围的场合、环境变化以及客户的偏好，来调整和设计自己的整体形象。这不仅仅是工作需要，更是一门为人处世的艺术。

销售大师原一平还总结出了“外表整理九个原则”和“服饰整理八项注意”。这对销售人员非常有借鉴意义。

“外表整理九个原则”是指以下几点。

（1）外表决定别人对你的第一印象。

（2）外表显出你的个性。

（3）整理外表的目的就是让对方看出你是哪一类的人。

（4）你的外表决定了别人是否愿意与你继续交往。

（5）外表能体现出你的魅力。

（6）站姿、坐姿甚至走路的姿势决定了别人看你顺不顺眼。不管什么姿势，都不要忘了把腰杆挺直。

（7）走路时，脚尖不要往上翘。

（8）收腹会让你看起来更加有精神。

（9）整理好外表，你的优点才会更突出。

“服饰整理八项注意”是指以下几点。

（1）你的着装可以以身边年龄相近但为人沉稳的人为榜样，向他们学习。

（2）服装要与时间、地点等相吻合，并且时刻记得自然大方的原则。

（3）穿衣服不能太年轻，否则会招来怀疑甚至轻视。

（4）尽量不穿流行的衣服。

（5）尽量穿着朴素大方。

（6）要使你的身材与服装的材料、色泽保持协调。

（7）衣服大小要合身，不要太大更不能太紧。

（8）不要让低俗的服装遮蔽了你的涵养。

最后，还要注意的是，尽量不要“展示”出一些坏毛病，比如，跷二郎腿、咬嘴唇、挖鼻孔、抖腿等。这会使你的形象大打折扣。

若想成为一名卓越的销售人员，先要以自己的个人形象、涵养打动客户，时刻向客户展示出你最优秀的一面。

2. 善用图片、照片、影像

图片、照片、影像具有催眠作用。三峡工程在施工之前肯定已经把图纸设计了出来，才有了后来的工程。任何一幢大厦的建成肯定是先有效果图，然后再有结果。你未来的样子已经在你的大脑中提前显现出来，你才拥有了今天的生活。1990 年的春节联欢晚会上有一位港台歌星唱了一首励志歌曲《自己的天空》，伴着这首歌，很多人在自己的大脑里描述出未来自己在大都市生活的样子，那是这些人心目中永远的影像。无论是照片还是影像，我坚信它们具备某种“魔力”，吸引你为之全力以赴。

2010 年 11 月 16 日，英国王室传出喜讯，威廉王子将于 2011 年年底迎娶相恋 8 年的女友凯特·米德尔顿。王子与凯特的婚讯迅速占领了全球各大媒体的头条，现实版的童话被世界各地关注和祝福。

安徒生的童话太美，几乎每个女孩都曾做过“灰姑娘”的美梦。虽然这只是个梦，但毕竟还是有人能够“美梦成真”。凯特·米德尔顿小时候在一家寄宿学校上学时就认识了威廉王子，威廉王子的出现给凯特留下了深刻的印象，她把当时拍的照片一直挂在她房间的墙上。这幅照片伴随着凯特的成长，直到大学时与威廉王子邂逅，再到相爱，简直是天意！我不敢说是照片的神奇吸引力，但不能否认照片在某种意义上吸引了凯特的心灵，那种似曾相识的感觉让他们俩鬼使神差地走到一起。

如果有可能，尽量把我们需要提醒和记忆的内容变成图片、照片、影像，并在每日都能看见的地方进行展示。图片、照片、影像形成的视觉形象首先会产生联想记忆，并且可以快速进入潜意识。有些企业的老总喜欢在公司里挂一幅雄鹰画，表示自己志向远大；有些喜欢挂一幅狼群画，代表要打造狼性团队。这些都是视觉化的实例。

于行博士点拨

以下是让你月入百万元的九个习惯。

(1) 拥有强烈的企图心

成功来自“一定要”的决心，为了能够绝对达成自己所定的目标，需要你写出非达成不可的50个理由。这样才会产生强烈的动机，一定要写出来。

(2) 制定明确的目标

要设定每周的目标及每周检讨所定目标的系统。可以定成一周中只要有一天能完成相应目标即可。在完成的基础上，要求某两天也能达到。在两天都能达到的情况下要求自己一周中有三天都达到该目标……直到一周的五天或七天都能达到目标。一周过后再对该周的目标进行回顾，看看在完成过程中有什么问题，以便加以改进。

（3）拜顶尖的教练为师

教练的级数决定选手的水准，要不计一切代价持续地向顶尖人士学习。

（4）寻找积极正面的环境

要赚钱就要赚有钱人的钱。有钱人做决定速度快，不易改变所作的决定；没钱人作决定速度慢，容易改变所作的决定。

（5）开发大客户

一定要服务好大客户，20%的客户会带来80%的收益。

（6）寻找强劲的竞争对手

竞争对手是我们的标杆，可以拉动我们快速提升，取长补短，伺机超越。

（7）运用公众演说开发客户

假设在一个行业十年内要成功开发5000个客户，按每周工作5天，每年50周计算，每天要开发2个。如果举办公众演说，每场有200人参加，要达到同样的5000人参加，要举办25场公众演说。一般说来三个月内一定可以完成25场演说，效率差别是巨大的。

(8) 运用潜意识的力量

运用潜意识的力量，潜意识储存着巨大的能量宝藏。

(9) 建立顶尖的团队，学会与人合作

人生之路可以走楼梯上楼，当然也可以乘电梯上楼。与人合作是真正的乘电梯行为。

超级信念十六：任何时间、任何地点销售任何产品给任何人

1. 销售是信心的传递和情绪的转移

销售是信心的传递，是情绪的转移。客户会从你的表情、眼神、语气、肢体动作看出你对自己的产品是否自信，从而决定是否购买。如果一个销售者没有在心中树立起“我能在任何时间、任何地点销售任何产品给任何人”的强大信念，就不太容易感染和说服客户。

乔·吉拉德有一个信念：顾客兜里的钱是我的，我的产品是他的，我的服务是他的。成交一切都是为了爱，为了爱我将无所畏惧。正因为有这样的信念，乔·吉拉德才成为全世界卖汽车的冠军。

一次我坐飞机出差，邻座坐着一位气宇轩昂的领导模样的人，于是我主动出击，问道：“一看你就是领导，很有气质，这次是出差还是探亲呀?”他回答：“去北大上 EMBA。”后来我一直跟他攀谈，一路谈得不亦乐乎，下机前我们互换了名片，原来是一大型银行的行长，跟他约好回来时去拜访。等他回来后，我去拜访了他，后来整个全员五百多人

来到我们的拓展训练基地进行了拓展培训，成为我公司的大客户。

很多人在坐飞机、坐火车、坐汽车、等公车时对待这种能与客户结识的机会都像徐庶进曹营一言不发。殊不知任何时间、任何地点，你都有机会向任何人销售。销售是信心的传递和情绪的转移，但很多销售人员不相信自己的公司，不相信自己的产品，不相信客户会买，不敢向客户提出要求成交。客户本来有兴趣考虑一下，结果被你的状态所影响，放弃跟你购买。有的销售人员拜访当下的客户时总想着上次被拒绝是尴尬的场景，动作、语气、表情、眼神都不够坚定，难以促使客户成交。

销售就是一种确定的要求客户做出购买的行为，差的销售者就好比足球场上的犹豫不定的前锋，在对方门前盘来盘去就是不射门。优秀的销售员秉承“我可以在任何时间、任何地点销售任何产品”的强大销售信念，他们表现出一定要的决心，必须拿下的欲望，舍我其谁的勇气。比如，华为集团的土狼文化反映在销售团队中用七个字概括“搞、搞定、一定搞定”，一次一个电信大客户本来是到华为的竞争对手那里采购，没想到接机时没接到。原来这个电信大客户被等候在停机坪的华为销售部的人接走了，后来被搞定在华为采购这个大量的产品。

2. 随时随地大量结交朋友

2002年，我到北京亚运村五洲大酒店参加世界上最伟大的汽车销售大师乔·吉拉德的演讲。记得当时我刚一迈进酒店，就有人上来跟我搭话："请问你有乔·吉拉德老师的名片吗？没有给你两张。"继续往前走刚到电梯口，又上来一个人说："请问你有乔·吉拉德老师的名片吗？"我说已经有了。没想到那个人说："还不够，再给你两张。"当我到会场门口时，又来了一个人，手里拿着一大摞名片，又问："请问你有乔·吉拉德老师的名片吗？"我说已经有了。那个人说："还不够，再给你两张。"

我进到会场，刚刚坐下，又来一个人问："请问你有乔·吉拉德老师的名片吗？"我说已经有了。那个人说："还不够，再给你两张。"

当会议正式开始时，只见乔·吉拉德老师穿着一件夹克兴奋地跑上舞台对所有的观众说："各位亲爱的朋友，手中有我名片的请举手？"会场几千人举了手。他接下来说："有五张以上的请举手？"又有几千人举手。他又问："有十张以上的请举手？"仍然有很多人举手。

这时乔·吉拉德说还不够，还不够！只见他一下子打开西服，从西服里面的口袋里拿出好多的名片疯狂地撒向观众。甚至他把鞋都脱下来，从中拿出很多的名片，认真地摆在舞台上，趴在地上问来问去。

许久，他站起身面对全场听众说："你们想知道我成为世界第一的秘诀吗？"台下异口同声地说："想！"他对观众大声地说：

“这就是我成功的秘诀。”

据说乔·吉拉德老师35岁之前贫困潦倒，当过卡车司机，卖过净水器，换了三十多个工作，走投无路还当过小偷，有被警察局逮捕的记录。最终改变他命运的是去汽车卖场做销售员。

每天早晨起床，攥紧拳头，不停地激励自己大声喊：我是第一名！我是第一名！我是第一名！然后猛虎下山般冲出家门，无论是地铁、机场、火车站、公园、商场、饭店、球场、演唱会现场等所有人多的场所，他都微笑着跟每一个人说：“你好，很高兴认识你，我叫乔·吉拉德，我是卖雪佛兰汽车的，这是我的名片！”

乔·吉拉德坚信：可以在任何时间、任何地点销售任何产品给任何人！那次会议后，我也开始运用同样的方法，大量地散发名片，无论是酒店、饭店、宾馆、机场、停车场、学习会场等，都对每一个人打招呼、点头、微笑、鞠躬、发名片，同时跟对方说：“你好，很高兴认识你，我叫于行，我是做总裁培训的老师，这是我的名片……”

我不仅自己大量地派发名片，同时还委托朋友、业务员、亲属、客户帮我派发，经常有不认识的人问我：“请问你认识于行老师吗？”我说：“当然认识，不仅认识，我们还是非常好的朋友，还有他的名片呢！”

卓越的销售者懂得结交如下的朋友为己所用：旅行社、行业协会、商会、政协、人大、工商联、工信委、招商局、演讲会演唱会球赛的组织者、高档会所、茶馆、老乡会、同学会、注册公司、中介公司、同行、银行电信联通移动大客户、印刷厂、名片店、广告公司、装饰公司、房地产公司、培训公司等。

想一想，什么时候不能销售？什么地点不能销售？答案是随时随地。没有这样的信念，你将损失很多的销售额，丢失大量的客户，错过更多成功的机会。

卓越的销售者之所以能取得不菲的业绩，来自于漏斗原理，他们随时随地大量地结交朋友或通过客户转介绍，然后把这些刚认识的朋友诸如漏斗，从中遴选准客户。更重要的是，他们拥有坚定的信念：可以在任何时间、任何地点销售任何产品给任何人！

于行博士点拨

佛教有云：广结善缘。意识是说要懂得在任何地方、任何时候结识人脉，以帮助我们的事业获得发展和贵人的帮助。在这个世界上，没有人会仅靠一己之力获得成功，必须主动出击，不放过任何与人结缘的机会。

跋

积聚内在的力量

在我从事培训行业的十年间，我接触到成千上万的企业家，他们分布在祖国的各个地区，这源于我带领团队推行的“中国培训业成吉思汗巡讲计划”，秉承“教育产业报国，致力于中国龙行天下”的伟大使命。

我所接触的这些企业家中很多都非常的成功，但他们也有这样或那样茫然的地方，他们从改革开放先富起来的一部分群体到今天面临退休传承给富二代而产生茫然之惑，从靠关系送礼到今天的市场经济变轨和企业的转型升级之惑，从在当地呼风唤雨、养尊处优到全球竞争白热化之惑。这些困惑根本上在于信念的倒塌。你可以什么都没有，但唯独不能缺少信念。信念是一个企业家最大的资产，失去信念，一切皆无。

2003年圣诞节，美国加州赛尔西孤儿院一名叫汤姆的孤儿，给上帝写了一封信，信的内容大致是：上帝，您知道我是一个听话的孩子，可是您昨天送给哈里一个爸爸、一个妈妈，而我连一个姨妈都没得到，这太不公平了。

这封信被转给了神学博士摩罗邦尼，他是《基督教科学箴言报》专门负责替上帝回信的特约编辑。如何回答汤姆呢？最简单的方法就是找一家愿意领养孩子的人，然后秘密地办理领养手续。待一切办好后，给汤姆回封信：汤姆，我的孩子！我真有点疏忽大意了，像您这样听话的孩子，是不应该没有爸爸妈妈的，明天我一定给你送去。

对于一个孤儿，上帝真会这样答复吗？摩罗邦尼博士非常矛盾。他想对于一个从小失去依靠的人，要想让他知道公平，绝不能用这种方法。经过深思熟虑，他写了这样一封信。

亲爱的汤姆：

我不期望你现在就读懂这封信，不过我还是想现在就告诉你，上帝永远是公平的。假如你认为我没有送给你爸爸、妈妈就是我的不公平，这实在让我感到遗憾。我想告诉你，我的公平在于向人类免费提供了三样东西：生命、信念和目标。你知道吗？每一个人的生命都是免费得到的。到目前为止，我没让任何一个人在生前为他的生命支付过一分钱。

信念和目标、生命一样，也是我免费提供给你们的，不论你生活在人间的哪一个角落，不论你是王子还是乞丐，只要想拥有它们，我都随时让你们据为己有。

孩子，让信念、生命和目标成为免费的东西，这就是我在人间的公平所在，也是我作为上帝的最大智慧，但愿有一天你能理解。

你的上帝！

这封信后来成为上帝最著名的公平独白，实际上公平不在于世界如何对待我们，而是我们如何看待这个世界，如何建立正确的公平理念。绝对的公平是不存在的，但最为宝贵的是上天给了我们信念、生命和目标。只要我们善用信念的力量，我们完全可以创造不可思议的人生。本书的16个超级信念就是你人生的加油站，因为你可以借由这些信念改变你的思想，进而改变你的人生。

所有外在的改变都是内心世界改变的显现，只有内在改变，外在才可能改变。当困难降临一筹莫展时，当屡遭挫折茫然无措时，当心情沮丧看不到希望时，当失去信心放弃努力时，当孤军作战身心憔悴时，我们的人生之车多么希望遇到加油站啊！在忧伤的日子、在沮丧的日子、在失败的日子、在怨恨的日子、在迷茫的日子，我们多么渴望像动画片中的希瑞公主一样，当她举起双手，向上天喊道：赐予我力量吧！她就能变成无所不能的英雄。本书的16个超级信念就是上天赐予你的最宝贵的力量，可以使你披荆斩棘、梦想成真。

如果能帮到你，将是我写作本书三年来最大的快慰了，感恩和感谢所有帮助和支持我的朋友们，感恩和感谢正在读此书的您，最后祝愿您家庭幸福，心想事成。祝愿我们伟大的祖国繁荣昌盛，早日实现中华民族伟大复兴的中国梦！